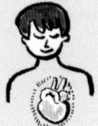

콩 한 쪽도 나누어요

열다 지식을 열면, 지혜가 열립니다. 나만의 책을, 열다.

모든 지식 교양

콩 한 쪽도 나누어요

초판 1쇄 발행 2018년 01월 16일
초판 9쇄 발행 2024년 05월 01일

글 고수산나   **그림** 이해정
발행처 주식회사 스푼북   **발행인** 박상희   **총괄** 김남원
편집 길유진 김선영 박선정 김선혜 권새미
디자인 권수아 정진희   **마케팅** 구혜지 박미소
출판신고 2016년 11월 15일 제2017-000267호
주소 (03993) 서울시 마포구 월드컵북로6길 88-7 ky21빌딩 2층
전화 02-6357-0050(편집) 02-6357-0051(마케팅)
팩스 02-6357-0052   **전자우편** book@spoonbook.co.kr

ⓒ 2018 고수산나
ISBN 979-11-88283-29-3 (73300)

* 저작권법에 의하여 한국 내에서 보호를 받는 저작물이므로 무단 전재와 무단 복제를 금합니다.
* 잘못 만들어진 책은 구입하신 곳에서 바꾸어 드립니다.

열다 는 스푼북의 어린이책 브랜드입니다.

제품명 콩 한 쪽도 나누어요		**⚠ 주 의**
제조자명 주식회사 스푼북 ｜ **제조국명** 대한민국 ｜ **전화번호** 02-6357-0050		아이들이 모서리에 다치지
주소 (03993) 서울시 마포구 월드컵북로6길 88-7 ky21빌딩 2층		않게 주의하세요.
제조년월 2024년 05월 01일 ｜ **사용연령** 10세 이상		
※ KC마크는 이 제품이 공통안전기준에 적합하였음을 의미합니다.		

나눔·기부·봉사 이야기

콩 한 쪽도 나누어요

글 고수산나 | 그림 이해정

열다

작가의 말

내가 바로 세상을 아름답게 만드는 주인공

우리 친구들은 어떻게 살아야 행복하고 가치 있는 삶을 사는 것이라고 생각하나요?

돈을 많이 벌고 높은 지위에 오르는 삶? 아니면 자신이 하고 싶은 것을 마음껏 하며 사는 것? 남들이 부러워하는 직업을 갖는 것?

나는 나누고 베푸는 삶이 가치 있는 삶이라고 생각해요. 내가 아닌 남을 위해 나누고 베푸는 일은 누구나 할 수 있지만 아무나 할 수 있는 일은 아니거든요.

여러분 중에는 '내가 가진 것도 없고 잘하는 것도 없는데 어떻게 나누고 베풀지?' 하고 생각하는 친구들도 있을 거예요. 나눔을 실천하는 일은 결코 어렵지 않습니다. 나눈다는 것은 내가 가진 것을 조금 덜어 주는 것이고 작은 친절을 베푸는 것이에요.

반갑게 인사하고, 따뜻한 격려의 말을 해 주고, 우산을 함께 쓰고, 짐을 함께 드는 것도 모두 나눔이랍니다.

여러분들은 이 책을 통해 나눔이란 어떤 것이고 주위 사람들은 어떻게 남을 돕고 있으며 나눔이 얼마나 즐겁고 행복한 것인지를 알게 될 거예요.

가진 것이 많아야 나눌 수 있는 것이 아니라, 나누고 싶은 마음이 있는 사람이 베풀 수 있는 것입니다. 조금만 관심을 가지면 내가 나눌 수 있는 것이 많다는 것을 알게 될 거예요.

나눔이란 신기하게도 하면 할수록 눈덩이를 굴리는 것처럼 점점 커지고 많아지게 된답니다. 내가 베푼 작은 나눔으로 사람들이 기뻐하는 모습을 보면 그 행복감은 몇 배나 커져서 내게 돌아오거든요. 그래서 진짜 부자는 마음이 부자인 사람이라고 말하지요.

지금 주위를 둘러보세요. 도움을 필요로 하는 사람은 누가 있는지, 내가 사람들에게 어떤 도움을 줄 수 있는지 찾아보세요.

내가 바로 세상을 아름답게 만드는 주인공이 될 수 있답니다.

어린이들과 많은 것을 나누고 싶은 고수산나

차례

1 왜 나누며 살아야 할까?
세상에서 가장 멋진 편지 쓰기 9
우리는 왜 나누며 살아야 할까? · 나눔과 건강 · 나눔을 실천하는 단체 18
용수의 일기 20

2 너무 작아서 놓치기 쉬운 친절
사과 한 개의 친절 23
친절과 배려는 나눔의 시작 · 친절과 미소 32
친절 일기 34

3 세상에서 가장 고귀한 나눔, 장기 기증
천사 누나가 준 선물 37
인체 기증에 대하여 · 니콜라스 효과 48
현아의 일기 50

4 조상들의 나눔
서로의 품을 나누어요, 품앗이 53
조상들의 나눔 정신, 두레 · 향약 · 계 62
은별이의 일기 64

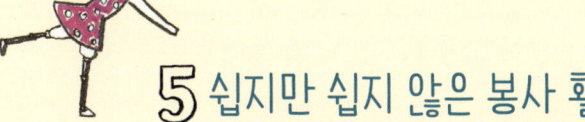

5 쉽지만 쉽지 않은 봉사 활동
다리 잃은 천사의 아름다운 나눔 67
자원봉사를 할 때 이것은 지켜요! · 가족 봉사의 좋은 점　76
수아의 일기　78

6 조금씩 모아 큰 사랑, 모금
사랑을 실은 자전거를 타고 81
1000원으로 무엇을 할 수 있을까?　88
진새의 일기　90

7 기부의 미덕
조선의 여성 사업가 김만덕 93
노블리스 오블리주 · 경주 최 부잣집　102
강철왕 카네기의 일기　104

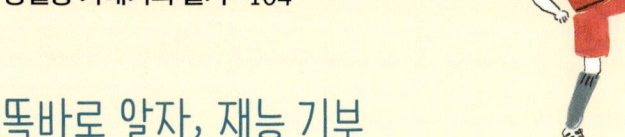

8 똑바로 알자, 재능 기부
힘찬이의 축구공 107
재능 기부에는 어떤 것이 있을까? · 재능 기부의 문제점　118
한결이의 일기　120

1
왜 나누며 살아야 할까?

"답장이 없어도 나는 계속하고 싶어.
내가 누군가에게 조금이라도
도움이 될 수 있다고 생각하면 힘이 나거든."

세상에서 가장 멋진 편지 쓰기

엄마가 자꾸 바깥 공기를 쐬자고 하여서 예나는 휠체어를 타고 공원으로 나왔다.

"예나야, 잠깐만 기다려. 엄마 화장실에 다녀올게."

혼자 남겨진 예나는 뛰어다니는 아이들을 쳐다보다 휠체어를 돌렸다. 그때 무릎 위에 놓아두었던 책과 펜이 떨어졌다.

예나가 몸을 굽혔지만 펜이 손에 닿지 않아서 끙끙대고 있었다. 그 모습을 보고 있던 용수가 다가와서 책과 볼펜을 집어 주었다.

"고마워."

예나가 작은 목소리로 말했다.

"너는 장애인이라서 불쌍한 아이들 잔치에 왔냐?"

처음 보는 용수가 예나에게 까칠하게 말을 걸었다.

"그럼 너는 장애인도 아닌데 불쌍한 애들 잔치에는 왜 왔니?"

예나도 질세라 대꾸했다.

"난 엄마 아빠가 안 계시거든. 할머니와 단둘이 살아. 그래서 여기에 초대를 받았어."

용수가 아무렇지 않은 듯 얘기했다. 예나는 까칠했던 용수의 태도가 조금 이해되는 것 같았다.

"그, 그래? 부모님은 왜?"

"부모님은 교통사고로 돌아가셨어. 할머니는 오늘이 어린이날인데도 식당에 일하러 가셨어. 집에 혼자 있으면 심심한데 여기 오면 먹을 거랑 선물을 준다고 해서 왔어."

용수의 말투가 한결 부드러워졌다.

"그렇구나……. 여기 있으니 햇볕이 따갑네. 목마르지 않니?"

예나의 말에 용수가 고개를 끄덕였다. 용수는 예나의 휠체어를 밀어서 음료수를 나눠 주는 곳으로 갔다.

그곳에서는 자원봉사자들이 예쁜 색종이를 나눠 주고 있었다. 그 앞에는 '나눔 잔치'라고 쓰인 작은 상자가 놓여 있었다.

"이 상자에 자기가 할 수 있는 나눔에 대해서 써넣는 거래."

용수와 예나는 자원봉사자가 나누어 준 색종이를 받았다.

"엄마 아빠도 없고 돈도 없는 내가 나눌 게 뭐가 있냐? 내가 도움을 받을 처지지."

용수는 색종이를 신경질적으로 구겨서 던져 버렸다.

"그러게. 나 같은 장애인이 누구를 돕고, 또 뭘 나눌 수 있겠어……."

예나는 용수처럼 종이를 버리려다 살며시 호주머니에 넣었다.

"예나야, 여기 있었구나. 한참 찾았잖아. 어, 벌써 친구가 생겼네!"

예나 엄마는 용수를 반가워하며 집으로 초대했다. 엄마는 혼자 있는 시간이 많았던 예나가 안쓰러워서 좋은 친구가 생기길 늘 바랐다.

다음 날 용수가 예나의 집으로 찾아왔다.

"와! 책이 엄청 많네!"

"응, 난 다리를 다치기 전부터 책 읽는 거랑 글 쓰는 거를 좋아했어."

용수는 예나의 방을 훑어보다 전에 받은 색종이가 책상 위에 있는 것을 보았다.

"어? 이거 안 버렸네?"

"응, 혹시 몰라서. 내가 할 수 있는 일이 있을지……."

"그래? 음……."

용수는 잠시 말이 없었다.

"너는 글 쓰는 게 좋다고 했잖아? 글 쓰는 걸로 사람들을 도우면 되겠네!"

"글 쓰는 걸로 어떻게?"

"국군 아저씨한테 위문편지를 보낼 수도 있잖아. 아니면 편지를 받고 싶은데 못 받는 사람도 있을 수 있고……."

용수의 말에 예나는 생각에 빠졌다.

"그래! 교도소에 편지를 쓰면 어떨까? 편지를 보내 주는 가족이 없는 사람이 있을 수도 있잖아. 왠지 교도소에 있는 사람들은 쓸쓸할 것 같아. 좋아해 주는 사람이 많지 않을 테니까."

"정말 그렇네. 우리 집에 오시는 사회 복지사 아주머니가 교도소에서 봉사 활동을 한다고 했는데, 내가 주소를 물어봐 줄까?"

"그래. 그럼 용수 너도 같이할 거지?"

예나의 말에 용수는 고개를 저었다.

"나는 글 쓰는 거 잘 못해. 그리고 내가 우표랑 편지지 살 돈이 어디 있냐? 쌀도 주민 센터에서 받아다 먹는데."

그때 예나 엄마가 반찬통을 들고 들어왔다.

"용수야, 아줌마가 김치 조금 쌌으니까 가져가서 먹으렴."

용수는 반찬통을 받고 예나한테 말했다.

"너희 집에 오니까 좋다. 나도 편지 쓰는 거 할게."

예나는 먹을 것 때문에 금세 마음이 바뀐 용수가 살짝 얄미웠지만 함께할 친구가 있어서 다행이라고 생각했다.

첫 편지를 보낼 때 둘은 편지 한 장을 쓰기 위해 몇 시간을 끙끙댔다. 무슨 얘기를 쓰면 좋을지, 편지를 받게 될 사람들이 편지를 반가워할지 알 수가 없었다.

"그냥 우리 얘기를 쓰자. 학교 얘기, 친구들 얘기, 읽었던 책, 재미있었던 일 그런 거 말이야."

편지지에 글을 쓰는 건 예나가 하고 편지를 부치는 건 용수가 맡았다.

둘의 편지 쓰기는 그 후로도 계속되었다. 교도소에서 답장이 오지 않아도 꾸준히 편지를 보냈다.

"누군가 한 명이라도 읽지 않을까? 교도소 안에서 심심하면 우리 편지를 읽을 수도 있잖아."

용수와 예나는 일주일에 한 번씩 쓰자고 다짐했는데 잘 지켜지지 않을 때도 있었다. 용수가 바쁠 때도 있었고 쓸 말이 없을 때는 미루기도 했다. 둘이 번갈아 가며 감기에 걸리는 바람에 한동안 편지 쓰기를 못한 적도 있었다.

"편지를 보낸 지 벌써 석 달이 넘었는데 답장이 한 통도 없네. 우리 편지를 읽기는 한 걸까?"

"초등학생의 편지가 뭐가 재미있겠냐? 우리 그만할까?"

용수가 힘없이 말했다. 예나는 고개를 살래살래 흔들었다.

"답장이 없어도 나는 계속하고 싶어. 내가 누군가에게 조금이라도 도움이 될 수 있다고 생각하면 힘이 나거든."

"하긴 나도 그래. 늘 받기만 했는데, 내가 주는 것도 있다고 생각

하니까 쑥스럽긴 하지만 기분 좋아."

용수가 머리를 긁적이며 말했다.

"나 이제 집에 가야겠어. 할머니랑 저녁 먹을 시간이거든."

"그래, 잘 가."

신을 신던 용수의 눈에 현관에 내놓은 쓰레기봉투가 들어왔다.

"아줌마, 이거 제가 가는 길에 버릴게요."

"아니야. 아줌마가 나중에 해도 돼."

예나 엄마가 말렸지만 용수는 쓰레기봉투를 들고 나가며 말했다.

"저도 할 줄 아는 거 많아요. 반찬도 주시는데 이 정도는 해야죠."

"처음에는 고맙다는 인사도 안 하더니 용수가 변했네."

예나의 말에 용수는 씩 웃고 나갔다.

며칠 후였다. 예나가 급하게 전화를 했다.

"용수야, 지금 빨리 우리 집으로 와. 교도소에서 답장이 왔어. 너 오면 뜯어보려고 기다리고 있어."

용수는 전화를 끊자마자 예나의 집으로 달려갔다. 예나는 마치 시험 합격 통지서를 들고 있는 것처럼 긴장해 있었다.

편지 봉투는 얇았다. 종이 한 장이 들어 있는 것 같았다. 예나와 용수는 편지 봉투를 바로 뜯지 않고 형광등에 비춰 보며 중얼거렸다.

"혹시 이제 편지 보내지 말라고 하는 건 아니겠지?"

"에이, 설마!"

"어서 뜯어봐라."

옆에 있는 예나의 엄마도 덩달아 초조해하며 말했다.

봉투를 뜯었더니 짧은 내용의 편지 한 장이 나왔다. 사무용지에 인쇄된 답장은 아주 간결하고 딱딱한 느낌이었다.

그동안 편지 잘 받았습니다.

다음 편지는 두꺼운 종이에 써 보내 주세요. 수감자들이 모두 돌려 읽느라 종이가 너덜너덜해져서 나중에 읽는 사람은 글씨가 제대로 보이지 않는다고 불평이 많습니다. 그리고 되도록 보내는 날짜를 규칙적으로 해 주세요. 편지가 왔냐는 물음에 시달려 교도관 업무에 지장을 주고 있습니다.

예나는 그만 울음을 터뜨렸다. 예나 엄마도 눈물을 흘렸다.
"아 참! 웃음이 나면서도 자꾸 눈물이 나려고 하네."
용수는 뒤로 돌아 손등으로 눈물을 닦았다.
"너희들이 정말 자랑스럽구나. 너희가 세상에 얼마나 큰 마음을 베풀었는지 알겠지?"
엄마는 고개를 끄덕이며 예나를 안았다.
예나와 용수는 이제 편지 쓰는 날을 정해서 정기적으로 편지를 보냈다.
"난 우푯값이랑 편지 쓸 시간만 나눴을 뿐인데 정말 멋진 일을 하고 있는 것 같아."
"원래 나누면 더 많이 받는다잖아. 엄마가 너한테 반찬만 줬을 뿐인데 아들 노릇해 준다고 좋아하시던걸!"
오늘도 두 사람의 편지를 간절히 기다리는 사람들을 위해서 예나와 용수는 웃으며 편지를 썼다.

우리는 왜 나누며 살아야 할까?

나눔은 내가 가진 것을 다른 사람에게 덜어 주는 거예요. 돈, 물건 등을 나눌 수 있고 힘이나 노력, 능력으로 남을 돕는 방법도 있어요. 사람은 누구나 이 세상을 혼자서는 살아갈 수 없어요. 도움을 받고 도움을 주며 서로 더불어 살아가야 하기 때문이에요. 그렇기 때문에 남을 돕는 것은 결국 나를 돕는 것이며 나눔의 기쁨은 큰 행복이 되어 돌아온답니다.
이 세상을 나눔으로 아름답게 만들어 보면 어떨까요?
그 속에서 살아가는 나는 정말 행복할 거예요.

나눔과 건강

1998년, 하버드 대학교에서 실험이 있었어요. 친절과 나눔을 베푼 마더 테레사의 일대기를 화면으로 보여 주었더니 그 영상을 본 사람들의 면역력이 그렇지 않은 사람에 비해 더 높게 나왔어요.
이것을 '마더 테레사 효과'라고 해요.
또한 남에게 친절을 베풀거나 도와주는 사람은 혈압과 콜레스테롤 수치가 낮아지고 엔도르핀이 세 배나 증가해 건강해진다는 연구 결과도 발표되었어요.
친절을 베푸는 것은 남을 돕는 것뿐만 아니라 자신의 건강까지 돕는 것임이 증명된 셈이지요.

테레사 수녀는 1979년 노벨 평화상을 받았는데 상금과 시상식 만찬의 비용을 모두 가난한 사람을 위해 썼다.

나눔을 실천하는 단체

🌸 국경없는 의사회
의사, 간호사 등이 속해 있는 의료 단체예요. 세계 각지에서 일어나는 전쟁, 자연재해, 전염병 등으로 고통 받는 사람들을 도와줘요.

🌸 유니세프
세계 190개국의 나라에서 어린이를 위해 일하는 국제 단체예요. 어린이들에게 먹을 것과 약을 주며 깨끗한 물을 마실 수 있도록 도와준답니다.

🌸 월드비전
한국 전쟁 때 고아와 가난한 여성을 돕기 위해 미국 선교사 밥 피어스와 한국의 한경직 목사가 만든 구호 단체예요.

🌸 아름다운 재단
나눔을 실천하는 시민들의 참여로 만들어졌어요. 자신의 수입 1%를 기부하자는 '1% 나눔 운동'은 많은 사람들에게 기부를 실천할 수 있는 계기를 만들어 주었어요.

국제 구호 단체 〈휴먼인러브〉에서 캄보디아 아이들에게 동화책을 전달하는 모습

용수의 일기

내가 제일 싫어하는 사람들은 어린이날, 크리스마스 때만 찾아와
선물을 주고 사진을 찍는 사람들이다.
그 사람들은 내가 어떻게 사는지, 왜 할머니랑 단둘이 살게
되었는지는 궁금해하지 않는다. 그냥 사진만 찍고 간다.
반찬은 없는데 모두 쌀만 가져와 쌀 포대가 잔뜩 쌓여 있는 경우도
있었다. 운동화도 작아져서 사야 하고 실내화 주머니에 구멍도
났는데 모두 쌀만 주는 것이다. 받는 사람에게 필요한 것을 주지
않고 사람들은 자신들이 편하게 줄 수 있는 것만 주는 것 같다.
그 사람들은 진심으로 나누는 게 아니라 생색만 내고 가는 것처럼
보인다. 마음은 전혀 나누지 않고 물건만 주는 것은 나누는 것이
아니다.
나를 도와주는 사람들 중에는 나를 불쌍하게 여기는 경우가 많다.
그럴 때는 기분이 나쁘다. 우리 집에 도움이 필요한 것은 맞지만 그런
취급을 받는 건 싫다.
그런데 예나 엄마는 다르다. 나를 불쌍한 아이보다는 예나의 친구로
대해 주신다. 반찬이 떨어지면 반찬을 주시고 내 양말이 구멍 난
것을 보고는 양말도 사 주셨다. 예나 집도 형편이 넉넉한 편이 아닌데
말이다.
그래서 나도 자꾸 예나 엄마를 도와드리고 싶은 마음이 생긴다.
쓰레기도 버리고 반찬통도 깨끗하게 씻어다 드렸다.
나도 좋은 나눔을 하고 싶다. 같이 나눌 수 있다는 행복을 깨닫게 해
주는 좋은 나눔을 할 것이다.

2
너무 작아서 놓치기 쉬운 친절

"아주머니는 사과 한 개의 작은 친절을 베풀었지만
저는 주말마다 큰 행복을 맛보았습니다."

사과 한 개의 친절

"**내일이** 벌써 주말이군."

과일 가게 아주머니는 콧노래를 부르며 과일을 정리했다.

가까이에 있는 사관 학교에서는 생도들의 씩씩한 목소리가 들려왔다. 우렁찬 목소리만 들어도 듬직한 사관 학교 생도들이다.

과일 가게 아주머니는 과일을 깨끗이 닦아 보기 좋게 쌓아 놓았다. 주말이면 생도들이 학교에서 폭포처럼 쏟아져 나와서 과일을 사 먹을 것이다.

"한창 많이 먹을 나이인데 고된 훈련까지 하니 얼마나 배가 고플까?"

"그 나이에는 먹어도 먹어도 배가 고플 나이지. 하하하."

사관 학교 주변 상인들은 담장 너머로 들려오는 사관 학교 생도들의 소리를 들으며 이야기를 나눴다.

드디어 주말이 되어 외출 허가가 떨어지자 생도들이 학교 밖으로 우르르 몰려나왔다. 모두 즐거워하는 모습이었다. 부모님을 만나 식사를 하러 가는 생도들도 있었고, 끼리끼리 모여서 음식을 사 먹는 생도들도 있었다.

그런데 키가 작은 생도 한 명이 과일 가게 앞에 우두커니 서 있었다. 그 생도는 사과를 뚫어져라 쳐다보고 있었다.

'저 생도는 사과를 먹고 싶어 하는 것 같아. 그런데 계속 쳐다보기만 하네. 돈이 없는 모양이야.'

키 작은 생도를 힐끗 쳐다본 과일 가게 아주머니는 그 생도를 모른 척하고 장사를 했다.

몰려든 생도들에게 과일을 파느라 정신이 없던 과일 가게 아주머니는 한참이 지나도 여전히 그 자리에 서 있는 키 작은 생도를 보았다. 생도의 옷과 구두는 허름했다. 한눈에 보아도 생도의 형편이 어렵다는 걸 알 수 있었다.

유난히 사과를 좋아했던 생도는 다른 곳을 어슬렁거리다가 다시 과일 가게 앞을 찾아와 침만 꼴깍꼴깍 삼켰다.

돈을 턱턱 내고 사 먹는 다른 생도들은 가게 앞에 서 있는 키 작은 생도를 흘끔흘끔 보고 가 버렸다.

'얼마나 사과가 먹고 싶었으면 저러고 있을까? 친구들은 지금쯤 배불리 먹고 있을 텐데.'

과일 가게 아주머니는 키 작은 생도에게 작은 친절을 베풀기로 마음먹었다.

"이 사과를 가져가서 먹어요."

과일 가게 아주머니는 생도에게 사과 한 개를 내밀었다.

"아닙니다. 저는 이 나라를 이끌 육군 사관 학교 생도입니다. 훌륭한 군인이 될 사람이 어떻게 남의 것을 거저 얻어먹을 수가 있겠습니까?"

씩씩한 답변에 과일 가게 아주머니는 사관생도가 마음에 들었다.

"물론이에요. 이 사과는 공짜로 주는 것이 아니라 외상으로 주는 거예요. 생도가 사관 학교를 졸업하고 군인이 되었을 때 사과값을 갚으면 돼요. 그러니 이제부터는 주말마다 와서 사과를 먹어도 좋아요. 내가 장부에 그 값을 기록해 놓을 테니까요."

과일 가게 아주머니의 말에 생도는 활짝 웃으며 고개를 끄덕였다.

"사과값은 나중에 꼭 갚겠습니다. 사관 학교의 명예를 걸고 약속합니다."

"그럼 생도의 약속을 믿겠어요. 공짜가 아니니 당당하게 먹도록 하세요."

생도는 과일 가게 아주머니가 건넨 사과를 덥석 베어 물었다. 그러고는 행복한 표정으로 사과를 맛있게 먹었다.

"와, 정말 맛있어요. 세상에서 가장 맛있는 사과인 것 같아요."

생도는 학교를 졸업할 때까지 외출을 하면 과일 가게에 들러서 사과를 먹었다.

"아주머니, 저 왔어요. 사과 주세요."

키 작은 생도는 돈을 주고 사 먹는 친구들처럼 당당하게 말했다. 그때마다 과일 가게 아주머니는 가장 알이 크고 잘 익은 사과를 골라서 생도에게 주었다.

"맛있게 먹어요. 오늘도 사과값을 기록해 놓을게요."

과일 가게 아주머니는 생도가 맛있게 먹는 표정을 보고 흐뭇하게 웃었다.

어느덧 주말마다 오던 생도가 학교를 졸업하고도 세월이 많이 지났다. 하지만 키 작은 생도는 한 번도 과일 가게에 찾아오지 않았다.

"분명히 그 생도는 훌륭한 군인이 되어 있을 거야. 그것만으로도 사과값은 충분하지."

친절한 과일 가게 아주머니는 그렇게 생각하며 가끔씩 키 작은 생도를 추억했다.

그로부터 22년이 지난 어느 날이었다.

번쩍거리는 제복을 입은 군인 두 명이 말을 타고 과일 가게를 찾아왔다.

과일 가게 아주머니는 머리가 하얀 할머니가 되어 있었다. 과일 가게 할머니는 군인들을 보고 놀라 밖으로 뛰어나왔다.

"무슨 일이십니까?"

과일 가게 할머니 앞으로 화려한 훈장을 가슴에 단 군인 한 명이 나와서 인사를 했다.

"혹시 22년 전 사과를 외상으로 가져가던 생도를 기억하십니까?"

과일 가게 할머니는 장교의 말에 주름진 이마를 쓱쓱 문지르며 말했다.

"그럼요, 기억하고말고요. 주말마다 사과 한 개씩을 외상으로 주었지요."

말끝을 흐리며 과일 가게 할머니는 생도의 얼굴을 자세히 들여다보았다.

"아니, 그럼 혹시 그 생도가?"

"그렇습니다. 알아보시겠습니까? 바로 제가 그 생도입니다, 아주머니."

말을 하던 장교가 고개를 돌려 눈짓을 하자 뒤에 있던 군인이 큰 자루를 내려놓았다.

"이제야 사과값을 드리게 됐습니다."

과일 가게 할머니가 자루를 열어 보니 번쩍거리는 금화가 잔뜩 들어 있었다.

할머니는 눈이 휘둥그레져 말했다.

"이렇게 많은 금화를 주다니요. 이건 사과값을 제하고도 많이 남

아요. 나는 사과값만 받으면 됩니다."

어쩔 줄 몰라 하는 과일 가게 할머니에게 장교가 말했다.

"아주머니는 사과 한 개의 작은 친절을 베풀었지만, 저는 주말마다 큰 행복을 맛보았습니다. 그때는 저에게 사과 한 개가 금화 한 개보다 더 값진 것이었지요. 게다가 아주머니는 제 자존심을 지킬 수 있게 해 주었습니다. 가난 때문에 부끄럽지 않도록 저에게 또 다른 친절을 베풀었지요. 공짜로 주는 것이 아니라 외상이라며 당당하게 사과를 먹을 수 있게 해 주셨으니까요."

장교는 과일 가게의 사과 한 개를 집으며 잠시 추억에 잠긴 듯 말했다.

"그때처럼 맛있는 사과를 먹어 본 적이 없습니다."

장교는 과일 가게 할머니에게 금화 자루를 가리키며 말했다.

"금화를 받으세요. 사과값을 계산하고도 금화가 남는다면 그것은 아주머니께서 친절을 베풀었기 때문입니다. 그만큼의 돈을 충분히 받을 자격이 있습니다. 아주머니 덕분에 저는 배고픔을 떨칠 수 있었습니다. 또 일주일을 기다리는 행복도 얻었지요. 이 금화는 그 커다란 친절에 대한 이 황제의 보답입니다."

장교의 말을 들은 과일 가게 할머니는 무슨 말인지 몰라 어리둥절했다.

"황, 황제의 보답이라고요?"

놀라서 말을 더듬는 할머니에게 장교의 뒤에 있던 군인이 나서서 말했다.

"이분은 프랑스 제국의 나폴레옹 황제이십니다."

과일 가게 할머니는 너무 놀라 입을 벌린 채 다시 한 번 장교의 얼굴을 쳐다보았다.

"그 키 작은 생도가 나, 나폴레옹 황제가 되었다고요?"

나폴레옹 황제는 과일 가게 할머니에게 인사를 하고 말을 타고 돌아갔다.

할머니는 뺨에 눈물이 흐르는 줄도 모르고 사라져 가는 군인의 뒷모습을 하염없이 바라보았다.

친절과 배려는 나눔의 시작

친절과 배려는 나눔의 가장 기본이라고 할 수 있어요. 친구나 선생님께 반갑게 인사하는 것, 친구에게 우산을 씌워 주는 것, 아픈 친구의 가방을 들어 주는 것 등 작은 친절과 배려가 나눔이 되는 것이에요.

나눔은 돈이나 물건, 훌륭한 재능만으로 가능한 것이 아니라 밝은 미소, 고운 말씨, 상대방을 배려하는 따뜻한 마음, 남을 도와주는 작은 손길 등이 모두 나눔의 시작이 될 수 있어요.

그런 의미에서 유니버설 디자인은 친절과 배려의 정신에서 태어난 작은 나눔이라고 볼 수 있어요.

유니버설 디자인이란 어린이, 노인, 장애인 등 차별 없이 누구에게나 편리한 디자인을 말해요. 키 작은 사람을 위한 버스의 낮은 손잡이, 왼손잡이를 위한 필기구, 어린이를 위해 높이를 낮춘 세면대 등에는 소수의 사람, 혹은 약한 사람을 배려하는 나눔의 정신이 들어 있어요.

친절과 미소

승무원, 판매원, 고객 상담원과 같은 서비스업에 종사하는 사람들을 감정 노동자라고 불러요. 이런 직업을 가진 사람들은 자신의 감정과는 상관없이 고객에게 친절과 미소로 대해야 해요. 이들은 몸이 아파도, 슬픈 일이 있어도 항상 직장에서는 미소를 띠고 있어야 한답니다.

문제는 돈을 내고 물건을 사거나 서비스를 받는 사람들이 감정 노동자를 함부로 대한다는 것이에요.

많은 감정 노동자들이 이런 이유 때문에 우울증을 겪고 있다고 해요.

감정 노동자들도 알고 보면 우리의 이웃이에요. 집에 돌아가면 한 집안의 자식이고 어머니이며, 아버지예요. 감정 노동자를 낮추어 보거나 과도한 친절을 요구하는 것은 잘못된 행동이에요.

감정 노동자를 배려하자는 캠페인을 하고 있어.

친절 일기

4교시, 나폴레옹에 대해 배우고 있을 때였다. 앞자리에 앉은 지우가 머리가 아프다고 했다.

나는 지우를 데리고 보건실로 갔다. 보건 선생님은 지우를 보고는 열도 재어 보지 않고 말했다.

"너희들 수업 빠지고 싶어서 꾀병 부리는 거 아니야?"

보건 선생님의 말에 나와 지우는 기분이 나빴다.

전에 계시던 보건 선생님은 무척 친절했는데……. 아이들이 아프다고 하면 열도 재 보고 배도 만져 보고 다친 곳도 꼼꼼하게 살펴 주셨다. 지우는 불친절한 보건 선생님 때문에 더 아픈 것 같다고 했다.

수업이 끝나고 친구들과 아이스크림 가게에 갔다. 아이스크림을 막 먹으려는 순간 그만 가게 바닥에 아이스크림이 툭 떨어지고 말았다. 우리들은 어쩔 줄 몰라 떨어진 아이스크림을 쳐다만 봤다.

"저 누나한테 혼나는 거 아니야?"

그런데 누나가 오더니 걸레로 깨끗이 닦아 주었다. 나를 혼내지도 않고 괜찮다고 웃으면서 말이다. 바닥을 다 닦더니 누나가 나를 불렀다. "아이스크림을 못 먹었지?" 하며 새로 아이스크림을 떠서 주었다.

그 누나의 친절에 아이스크림이 열 배는 더 맛있게 느껴졌.

하루 동안 나는 친절과 불친절을 모두 겪었다. 나는 정말 친절한 사람이 되고 싶다. 과일 가게의 주인이 베푼 친절 덕분에 나폴레옹 황제가 행복을 느꼈듯이 나도 누군가에게 행복을 주는 사람이 되고 싶다.

3

세상에서
가장 고귀한 나눔,
장기 기증

"저 누나, 나한테 심장을 선물한 천사인가 봐.
분명히 하늘나라에 가서 천사가 될 거야."

천사 누나가 준 선물

동우가 눈을 뜬 곳은 집이 아니고 병원이었다. 동우는 어제 저녁에 병원으로 실려 왔다. 심장병을 앓고 있는 동우는 올해만 벌써 세 번째 응급실행이었다.

"동우야, 괜찮니?"

엄마가 동우의 얼굴을 닦아 주며 말했다.

"몸이 좋지 않으면 조심했어야지. 얼마나 달린 거야?"

어제는 아주 잠깐만 공을 찼을 뿐이었다. 뛰지도 않고 그냥 공을 차기만 했을 뿐인데. 고장 난 동우의 심장은 이제 가만히 앉아 있을 때도 아파 왔다.

동우의 심장은 점점 힘을 잃어 가고 있었다.

"며칠 입원해야 된대. 담임 선생님과는 통화했어."

동우는 또 결석을 해야 했다.

'개근상은 바라지도 않아. 다른 친구들처럼 수업을 따라갈 수 있을 정도만이라도 학교에 나갈 수 있으면 좋겠어.'

동우는 짜증이 났다.

"물 줘, 빨리!"

동우는 엄마에게 투정을 부렸다. 엄마는 익숙해졌는지 그냥 웃으며 빨대 컵을 건네줬다.

"내가 아기야? 그냥 컵에다 달라고!"

동우는 빨대 컵을 침대 위에 휙 던졌다. 그 바람에 물이 쏟아졌다.

"동우가 또 심통이 났구나."

지나가던 간호사 누나가 심술쟁이 동우를 알아봤다. 동우는 그것도 화가 났다.

"치, 누가 짜증 내고 싶어서 내나? 나도 건강했다면 착했을 거야! 나도 처음부터 이러지 않았다고!"

동우는 병실을 나가는 간호사 누나의 뒤통수를 쏘아보며 말했다.

다음 날 동우는 휠체어를 타고 소아 병동을 돌아보았다.

"지난번 그 꼬맹이 녀석이 아직도 있나 모르겠네."

동우는 백혈병에 걸려 빡빡머리가 된 윤수를 문어 머리라고 놀리곤 했었다. 윤수가 있었던 병실에 들어가 보니 다른 아이가 윤수의 침대에 누워 있었다.

동우는 지나가는 간호사 누나를 붙잡고 물었다.

"이 병실에 있었던 문어, 아니 윤수는 퇴원했어요? 그때 병원에 오래 있을 거라고 했는데."

간호사는 약이 든 쟁반을 꽉 쥐더니 말했다.

"윤수는, 윤수는 하늘나라로 갔어."

동우는 눈물 대신 화가 났다.

'벌써, 벌써 가 버린 거야? 나보다 어렸는데. 내가 문어 머리라고 놀린 거 사과도 못 했는데 벌써 하늘나라로 가 버렸다고? 나보다 잘 웃고 잘 놀던 그 녀석이?'

동우는 휠체어를 마구 굴려 병실로 돌아왔다.

"엄마, 엄마! 그 문어 머리가 죽었대. 윤수 말이야. 다음에 나랑 만나면 팔씨름하기로 했는데."

엄마를 보고 동우는 참았던 눈물을 쏟았다.

"엄마, 나도 곧 죽어? 그렇지? 윤수도 죽었잖아. 나도 이렇게 심장이 아파서 나을 수 없는데……."

엄마는 동우의 눈물을 닦아 주었다.

"그런 소리 마. 천사가 너한테 심장을 가져다줄 거야. 새 심장을 받으면 우리 동우는 살 수 있어."

"거짓말이야. 세상에 천사가 어디 있어? 심장을 가져다주는 천사라고? 말도 안 돼. 안 믿어. 윤수처럼 나도 곧 죽을 거라고!"

동우는 물컵이며 수건, 베개를 손에 잡히는 대로 바닥에 던지며

울었다. 엄마는 몸부림치는 동우를 끌어안고 함께 울었다.

동우의 마음에 윤수의 웃는 얼굴이 계속 떠올랐다. 하늘나라에 가면 만날 수 있는 그 얼굴이.

병원에 입원한 지 이틀째 되는 날이었다.

엄마가 의사 선생님을 만나고 온 뒤 파르르 떨리는 손으로 동우의 손을 잡았다.

"동우야, 너한테 새 심장이 생겼어. 곧 이식 수술을 한대. 엄마가 뭐랬어! 천사가 심장을 가져다줄 거라고 했잖아!"

"정말이야? 정말 나 이식 수술 받을 수 있어?"

동우는 믿어지지 않았다. 그렇게 오랜 시간 기다리며 새 심장을 받고 신나게 축구를 하는 상상을 백 번도 더 했는데도 믿어지지 않았다.

동우의 수술 날짜는 곧 정해졌다.

동우는 병원의 휴게실 의자에 앉아 게임을 하고 있었다. 그때 엄마 손을 붙잡은 여자아이가 옆 의자에 앉았다.

"은지야, 엄마 잠깐 나갔다 올게. 여기 꼼짝 말고 있어."

"응, 걱정 마. 외할머니한테도 내가 이식 수술 받게 됐다고 전해 줘."

함박웃음을 웃는 여자아이는 앞을 보지 못했다. 동우가 여자아이의 눈을 보니 하얀 막 같은 것이 눈동자를 덮고 있는 것 같았다.

"안녕? 난 동우라고 해. 혹시 너도 이식 수술 받니? 눈?"

"응. 나는 은지야. 각막 이식 수술을 받을 거야. 그러면 나도 앞을 볼 수 있대."

"나도 내일 심장 이식 수술을 받아. 이젠 죽지 않아도 돼. 물론 축구도 할 수 있겠지."

내일 이식 수술을 받는다는 공통점 때문에 둘은 금방 친해질 수 있었다.

"수술을 하면 엄마 얼굴을 볼 수 있어. 그게 제일 행복해. 근데 엄마는 내가 수술 받게 돼서 좋으면서도 내가 엄마를 보고 실망할까 봐 걱정하셔. 엄마가 뚱뚱하고 예쁘지도 않다면서……. 우리 엄마 오늘 미용실에도 다녀왔어. 내가 수술 받고도 잘 볼 수 있으려면 몇 달이나 걸린다는데. 웃기지?"

은지가 웃자 동우도 따라 웃었다.

"꽃은 얼마나 예쁠까, 하늘은 내가 상상했던 것보다 더 파랄까?"

"심장 수술하면 축구는 시시해질 것 같아. 이젠 맘껏 뛰어다니며 만날 할 수 있으니까."

"벌써? 너 정말 변덕쟁이구나."

동우는 은지와 한참 이야기를 나누다 휴게실에서 나왔다. 병실 쪽으로 가다 문이 열려 있는 계단에서 은지 엄마의 목소리를 들었다.

"응, 언니. 은지가 뇌사자의 각막을 이식 받게 됐어. 초등학교 5학

년 여자아이인데 교통사고가 났대. 정말 안됐어. 그 애 덕분에 심장이랑 각막, 신장 등 이식 수술을 한대. 어린아이가 여섯 명을 살리고 가게 됐지 뭐야."

듣고 있던 동우의 다리가 후들거렸다. 심장이 빠르게 쿵쾅거려 동우는 얼른 가슴팍을 붙잡았다. 금방이라도 심장이 멈춰 버릴 것 같아서 의사가 가르쳐 준 대로 심호흡을 했다.

동우는 천천히 다시 휴게실로 들어갔다.

"은지야, 너 알았어? 어떤 누나가 교통사고를 당해서 우리가 장기 이식을 받을 수 있는 거래. 그 누나가 뇌사 상태에 빠져서 각막이랑 심장이랑 장기들을 우리한테 나눠 주는 거래."

동우는 말이 끝나기도 전에 울먹거렸다.

"뭐, 정말이야? 난 그런 얘기는 못 들었어. 날마다 자기 전에 건강한 눈을 갖게 해 달라고 기도했을 뿐인데."

은지는 울음을 터뜨렸다.

"그럼 불쌍한 언니가 죽는 거야? 누군가 죽어야 내가 세상을 보게 될 줄 알았다면 그런 기도는 하지 않았을 거야. 어떡하면 좋아."

"나도 몰랐단 말이야. 우리 엄마는 만날 천사가 심장을 가져다준다고만 했어. 마치 산타클로스가 선물을 가져다주는 것처럼 말이야."

울고 있는 아이들을 본 은지 엄마가 놀라서 뛰어들어 왔다.

"무슨 일이니? 은지야, 이렇게 엉엉 울면 안 돼. 내일 눈 수술하잖아."

은지 엄마는 울고 있는 두 아이를 번갈아 가며 달랬다.

그날 저녁, 동우는 뇌사자가 된 기증자 누나를 만나게 해 달라고 엄마를 졸랐다.

"동우야, 병원에서 안 된대. 여러 곳에 허락을 구해야 하나 봐."

"엄마, 멀리서라도 봤으면 좋겠어. 나한테 심장을 주는 누나잖아. 살아 있을 때 고맙다는 인사라도 하고 싶단 말이야."

엄마는 소매로 눈물을 콕콕 찍으며 고개를 끄덕였다.

동우와 엄마는 중환자실 창문 너머로 누워 있는 여자아이를 보았다. 산소마스크와 온갖 튜브가 연결되어 있어서 얼굴은 거의 보이지 않았다.

"동우야, 저 누나 말이야, 아주 착한 사람이었대. 남도 잘 도와주고 친구들 사이에서 인기도 좋았다나 봐. 저 누나의 부모도 대단해. 엄마 같았으면 엄두도 안 났을 거야. 부모가 얼마나 마음이 아플지."

동우는 담담하게 지켜보는데 엄마는 쉬지 않고 눈물을 흘렸다.

"엄마, 엄마 말이 맞아."

"무슨 말?"

"천사가 심장을 선물해 줄 거라는 말. 저 누나가 천사인가 봐. 나한테 심장을 선물한 천사 말이야. 분명히 하늘나라에 가서 천사가 될 거야, 그렇지?"

엄마는 힘차게 고개를 끄덕였다.

"천사지. 천사고말고. 저 애도 천사고 부모도 천사야. 저 아이가 여섯 명이나 살리고 천사가 되러 하늘나라에 가는 거야."

다음 날, 수술 준비를 마쳤을 때 의사 선생님이 동우를 만나러 왔다.

"우리 씩씩한 동우, 새 심장을 가질 준비됐니?"

"착한 누나의 심장이 저한테 잘 맞을지 모르겠어요. 저는 심술쟁

이잖아요."

의사 선생님은 미소를 지으며 동우의 손을 잡았다.

"동우야, 심장은 마음이라는 거 알지? 착한 누나의 심장을 가지게 됐으니까 너도 착한 마음으로 살아야 해. 알겠지?"

동우는 가만히 고개를 끄덕였다. 의사가 막 뒤돌아 나가려는데 동우가 불렀다.

"선생님! 천사 누나 아프지 않게 수술해 주세요."

"그래, 약속할게."

동우의 침대가 천천히 수술실로 옮겨졌다. 이제 곧 동우는 천사를 만날 것이다.

인체 기증에 대하여

인체 기증은 사랑과 용기가 필요한 일이야.

🌸 **헌혈**

혈액의 성분 중 한 가지 이상이 부족하여 건강을 위협받는 사람을 위해 건강한 사람이 혈액을 기증하는 것을 말해요.
헌혈은 혈액이 필요한 환자의 생명을 구하는 유일한 수단이에요. 혈액은 인공적으로 만들 수 없고 대체할 수 없기 때문이에요. 헌혈 후 충분한 휴식을 취하면 건강에 지장을 주지 않는답니다.

🌸 **인체 조직의 기증**

피부, 뼈, 인대 및 혈관 연골, 심장 판막 등 인체 조직을 기증하는 것을 말해요. 기증자는 사망 후 15시간 이내에 기증이 가능하며 한 사람의 기증으로 최대 100여 명의 환자가 수혜를 받을 수 있어요.

🌸 **장기 기증**

신장, 간장, 심장, 췌장, 폐, 각막 등 장기를 기증자가 살아 있을 때 혹은 뇌사 시나 사후에 기증하는 것을 말해요. 한 사람의 기증으로 최대 아홉 명이 수혜 받을 수 있어요. 장기 기증은 세 가지 종류로 구분돼요.
뇌사자의 장기를 가족이 동의하여 기증하는 뇌사 기증, 사망한 후 안구(각막)를 기증하는 사후 기증, 살아 있는 사람이 신장, 간장, 췌장, 췌도, 소장, 골수 등의 장기를 기증하는 생체 기증이 있어요.

니콜라스 효과

1994년, 니콜라스 그린은 부모와 함께 이탈리아 여행을 하던 일곱 살의 미국 소년이었어요.
니콜라스는 여행 중 강도가 쏜 총에 맞아 뇌사 상태가 되었고, 부모는 니콜라스의 장기를 기증하기로 했어요.
니콜라스의 장기 기증으로 이탈리아인 일곱 명이 새 삶을 살게 되었어요. 이 소식이 전해지자 이탈리아의 시민들은 어린아이의 생명을 무자비하게 빼앗은 사건에 충격을 받았고 니콜라스 가족이 장기 기증을 결심한 것에 감동을 받았어요.
이후 1995~1996년 사이 이탈리아에서는 장기 기증 신청이 네 배나 치솟았고 이것을 '니콜라스 효과'라고 불렀어요.
니콜라스의 아버지는 세계 곳곳을 다니며 장기 기증 운동을 하고 있고 니콜라스 효과는 전 세계에 퍼지고 있어요.

나는 단지 횡단보도를 걷고 있었을 뿐인데 왜 죽어야 하는지 알 수가 없었다.
부모님께서 얼마나 마음 아파하실지, 동생 승아는 내가 없으면 어떻게 지낼지 걱정이 됐다.
내가 뇌사 상태가 되었을 때 부모님은 나의 장기 기증을 결정하셨다.
나는 이제 억울하지 않다. 내가 여섯 명이나 살릴 테니까 말이다.
내 각막을 갖게 될 은지는 내 눈으로 아름다운 세상을 볼 것이다.
엄마 얼굴도 보고 책도 많이 읽을 수 있겠지.

동우는 축구도 할 수 있게 되고 앞으로 중학교, 고등학교를 가게 될 거다.

내 신장을 받을 아주머니는 대학생인 딸의 결혼식도 함께할 수 있을 거다.

내가 살릴 사람들은 열심히 살면서 또 다른 사람들을 도우며 살아가겠지.

그럼 나는 죽어도 죽은 게 아니다. 난 그 사람들과 함께 계속 살아 있는 거다.

나는 부모님의 선택 덕분에 천사로 불리게 되었다. 이제 하늘나라에 가서 진짜 천사가 될 시간이다.

4
조상들의 나눔

"서로 도움을 주고받으며 일하는 것을 말해.
혼자서 힘들게 할 일을 나눠서 하니까 훨씬 좋지."

서로의 품을 나누어요, 품앗이

일찍 퇴근한 아빠 덕분에 오랜만에 온 식구가 둘러앉아 저녁 식사를 했다.

"장모님은 어떠셔요?"

아빠는 편찮으신 외할머니 얘기를 꺼냈다.

"연세가 많아서 빨리 낫지는 못하신대요. 가까우니까 자주 들여다 보려고요."

"하긴 일흔이 훌쩍 넘으셨으니……. 당신이 자주 찾아뵙고 잘 챙겨 드려요."

아빠의 말에 엄마는 고개를 끄덕였다.

"그럼 이 맛있는 김치도 이제 외할머니가 담그지 못하시는 거예요? 아, 안 되는데."

한별이가 외할머니의 김치를 입에 쏙 넣으며 말했다.

"이 녀석아, 너는 외할머니가 편찮으신데 네 입으로 들어갈 음식 걱정부터 하냐?"

엄마가 한별이에게 눈을 흘겼다.

"아이 참, 나는 김치 없으면 밥을 못 먹는단 말이에요. 외할머니가 담가 주신 김치가 얼마나 맛있는데요."

"걱정 마. 올해부터는 엄마가 김장을 할 거니까."

엄마는 자신만만한 미소를 띠며 말했다.

"당, 당신이 직접 김치를 담근다고? 그냥 사 먹는 게 어떻겠어요?"

아빠가 놀라서 반찬을 집다 말았다.

"그래, 엄마. 괜히 아깝게 배추 망치지 말고 그냥 사 먹자."

한별이도 거들자 엄마는 숟가락을 탁 놓더니 식구들을 둘러보았다.

"아니, 지금 우리 집 식구들이 내 음식 솜씨를 의심하는 거야?"

엄마가 눈을 동그랗게 뜨자 아빠가 웃으며 얼버무렸다.

"당신 힘들까 봐 그렇지. 김장하면 힘들어서 몸살 나잖아."

엄마는 아빠의 말에 픽 웃으며 말했다.

"걱정 마요. 김장은 품앗이하기로 했어요. 민주네랑 현아네랑 같이 해요. 민주 엄마가 김치 박사니까 맛있게 잘할 거예요."

입안에 있는 음식을 꿀꺽 삼키고 은별이가 물었다.

"김장 품앗이요? 품앗이가 뭐예요?"

"서로 도움을 주고받으며 일하는 것을 말해. 이번에는 이 집에서 함께 김장을 하고 다음에는 다른 집에서 함께 김장을 하는 거지. 혼자서 힘들게 할 일을 함께 나눠서 하니까 훨씬 좋지."

"그럼 민주 엄마랑 현아 엄마가 우리 집 김장을 도와주고, 민주네랑 현아네 김장할 때 엄마가 도와주는 거죠? 엄마는 큰 도움이 안 될 텐데."

한별이의 눈치 없는 소리에 엄마가 벌떡 일어설 뻔했다.

"품앗이라는 거 참 좋은 것 같아요. 함께 일하면 혼자 하는 것보다 덜 힘들고 재미있을 것 같아요."

조용히 듣고 있던 은별이가 나섰다.

"그래. 우리 은별이가 오빠보다 어른스럽구나. 품앗이는 우리 조상들의 좋은 풍습이야. 농사를 지었던 옛날에는 일이 아주 많았거든. 모내기나 김매기처럼 혼자 하기에 힘든 일은 품앗이로 했지. 마을 사람들이 모여 오늘은 개똥이네, 다음 날은 순이네로 돌아가면서 말이야."

아빠가 말했다.

"농사일뿐만 아니라 잔치가 있을 때면 마을 아낙네들이 잔칫집 일을 도와주기도 했지. 품삯 같은 돈을 받지 않고 돌아가면서 자신의 품을 나누는 거야."

엄마의 말을 듣고 한별이가 아빠에게 물었다.

"아빠는 어렸을 때 시골에 사셨다고 했잖아요. 그럼 아빠도 품앗이해 보셨어요?"

"그럼. 품앗이는 남녀노소를 가리지 않았어. 아빠도 한별이처럼 3학년 때부터 했지. 품앗이로 보리 베기를 하러 다녔단다. 가까이 살던 큰아버지 댁에 보리를 베러 형과 아버지랑 같이 갔었지. 우리 집 보리 베기를 할 때는 사촌 형들이 왔었고. 같은 동네에서는 그렇게 품앗이를 했어."

"초등학생인데 보리 베기를 했다고요? 힘들었겠다. 다치지 않았어요?"

은별이가 걱정스러운 표정으로 말했다.

"손을 베기도 했지만 제일 싫은 건 보리 가시였어. 장갑을 끼고 해도 손가락을 콕콕 찌르고 신발 속으로 들어가 양말에 박히기도 했거든."

"그때는 기계가 없었어요?"

도시에만 살았던 엄마가 물었다.

"기계가 있긴 했지만 아주 비쌌어요. 게다가 자주 쓰는 게 아니니까 차라리 품앗이로 하는 것이 훨씬 경제적이었지."

아빠는 옛날을 추억하며 미소를 지었다.

"내가 역사의 산증인이라고나 할까?"

아빠가 거들먹거리는 바람에 식구들이 모두 웃음을 터뜨렸다.

다음 날 오후, 이모가 집에 놀러 왔다.

"근처에 엄마 좋아하시는 호박떡 사러 왔다가 들렀지."

이모는 은별이에게 호박떡을 건네주었다.

"이모, 다인이는 잘 지내요? 보고 싶다."

은별이가 사촌 동생 다인이의 안부를 물었다.

"다인이는 오늘 바이올린 배우러 갔어."

이모의 말에 엄마가 놀라며 말했다.

"요즘은 유치원생도 학원 다니느라 바쁘다더니 다인이도 학원에 많이 다니나 보구나."

"아니야, 언니. 다인이는 학원 안 다녀. 친한 사람들끼리 품앗이 육아를 하거든."

이모의 말에 한입 가득 호박떡을 먹던 은별이가 아는 체를 했다.

"품앗이 육아라면 돌아가면서 자신의 품을 나누면서 아이들을 키우는 거죠?"

"우아, 우리 은별이 똑똑하네. 품앗이도 잘 알고."

은별이는 어깨를 으쓱하더니 다시 호박떡을 오물오물거리며 먹었다.

"일주일에 한두 번씩 돌아가면서 아이들을 맡아서 돌보는 거야. 동네에 바이올린을 잘하는 엄마가 있어서 애들을 모아 바이올린을 가르쳐 줘. 어떤 엄마는 아이들에게 종이접기나 만들기를 가르치고. 운동 잘하는 엄마는 아이들과 축구, 줄넘기 등을 하고."

"그럼 이모는 무슨 품을 나눠요?"

"응, 나는 아이들과 요리를 해. 한번 하고 나면 집 안이 엉망진창이 되지만 어차피 우리 다인이에게 해 주고 싶은 거를 아이들과 함께하는 거니까 괜찮아."

이모는 웃으며 은별이 머리를 쓰다듬어 주었다.

"그렇게 품앗이로 아이들을 가르치면 정말 좋겠다. 돈도 안 들고 엄마들이 직접 하니까 더 정성껏 잘 돌봐 줄 거고. 우리 은별이 키

울 때는 왜 그런 거 생각을 못했는지 모르겠네."

엄마가 아쉬운 표정으로 말했다.

"그래, 언니. 함께 힘을 모아 하니까 서로 더 친해지고 정도 생기고 좋더라고. 나도 이렇게 가끔 자유 시간도 생기고. 일로 도움을 받고 일로 도움을 갚는다. 그것도 내가 좋아하고 잘하는 일로. 정말 좋지?"

은별이와 엄마도 이모의 말에 고개를 끄덕였다.

그날 저녁, 엄마가 저녁 식사 준비를 하고 있을 때였다.

한별이가 고개를 쏙 내밀더니 은별이 방으로 들어왔다.

"은별아, 너 나랑 숙제 품앗이할래?"

한별이는 엄마에게 들리지 않게 작은 목소리로 말했다.

"숙제 품앗이?"

"응, 영어 숙제가 잔뜩 밀렸거든. 그러니까 네가 나를 도와서 내 영어 숙제를 같이하는 거지. 그리고 다음에 네 숙제가 많을 때 내가 도와주는 거야, 어때?"

한별이는 부엌 쪽을 힐끗힐끗 보며 말했다.

"말도 안 돼. 숙제를 같이하자고? 오빠, 엄마한테 이를 거야!"

"왜? 아빠 말씀 못 들었어? 함께 품을 나누며 일하는 품앗이는 조상 대대로 내려오는 아름다운 풍습, 그러니까 미, 미품, 미 뭐더라?"

"미풍양속이라고?"

은별이의 말에 한별이는 머리를 긁적거리며 웃었다.

"그래그래, 미풍양속. 역시 내 동생은 똑똑하다니까. 그니까 똑똑한 동생아, 나랑 조상들의 품앗이 정신을 이어 가자꾸나, 응?"

"오빠가 그렇게 조상님들의 나눔 정신을 함부로 써먹으면 조상님들이 화내실 것 같은데? 게다가 난 숙제를 밀리지 않고 제때 하니까 오빠의 품앗이는 필요 없다고."

은별이가 혀를 쏙 내밀었다.

"너, 치사하게……."

"엄마 부른다?"

'엄마를 부른다'라는 소리에 한별이는 어깨를 축 늘어뜨리고 자기 방으로 돌아갔다.

'숙제는 품앗이를 하면 안 되지만 친구들하고 품앗이 놀이를 해 보는 것도 좋을 것 같아.'

은별이는 공책에 친구들 이름을 써넣고 생각해 보았다.

"연아는 춤을 잘 추니까 춤을 가르쳐 달라고 하고 영호는 힘이 세니까 우유 급식 상자 날라 달라고 하면 좋겠구나. 그럼 나는 아이들에게 뭘 해 줄 수 있을까? 아이들도 품앗이를 좋아할까?"

은별이는 친구들 얼굴을 마음속으로 그리며 미소를 지었다.

조상들의 나눔 정신, 두레·향약·계

🌺 두레

두레란 농사일을 공동으로 하기 위해 마을별로 된 조직이에요. 주로 모내기나 김매기처럼 손이 많이 필요한 큰일에 두레가 동원됐어요. 두레는 삼국 시대 이전부터 있었다고 전해져요. 이웃끼리 6~10명 정도 모여 만든 작은 두레도 있고 한 마을의 사람들 대부분이 들어가 있는 큰 두레도 있어요.

두레 중에는 농악이 있는 두레도 있었는데, 농악은 일을 할 때 흥을 돋우고 피곤을 잊게 하는 역할을 했어요.

김매기가 끝나면 두레꾼들과 동네 사람들이 함께 먹고 즐기는 '호미씻이'라는 것을 했어요. 일을 마치고 당분간 호미를 쓸 일이 없다는 뜻에서 고생한 것을 격려하며 즐기는 것이에요.

두레꾼들이 모여 흥을 돋우며 함께 일하고 있다.

힘든 일을 서로 돕는 아름다운 풍습이지.

🌸 향약

향약이란 지방 사람들이 서로 돕고 예의를 지키며 아름다운 풍속을 이어 가자는 약속을 말해요. 원래 중국에서 시작됐으나 조선 시대 학자인 이황과 이이에 의해 우리의 풍습에 맞게 크게 발전했어요.

향약은 양반이 이끄는 대로 따라야 해서 양반이 신분이 낮은 농민을 지배하는 수단이 되기도 했어요. 하지만 도덕과 유교 가치관을 알리고 실천하는 데 큰 도움을 주었어요.

향약의 네 가지 덕목

덕업상권 : 좋은 일은 서로 권한다.
과실상규 : 서로 잘못을 저지르지 못하게 한다.
예속상교 : 좋은 풍속은 서로 본받는다.
환난상휼 : 어려운 일이 생기면 함께 돕는다.

🌸 계

계는 농민들이 스스로 만들어 낸 협동 단체예요. 계는 대부분 친분을 돈독히 하기 위해 만들었으나 경제적인 부담을 해결하는 목적으로 이용되기도 했어요.

공동으로 돈을 모아 마을에서 필요한 농기구를 사기도 하고, 모두 얼마씩 일정한 돈을 내고 큰 돈이 모이면 순번을 정해 그 돈을 타 가기도 해요.

요즘도 여러 가지 형태의 계가 있고 그것이 하나의 공동체를 상징하기도 해요. 계는 경제적 어려움을 서로 힘을 합해 해결하고자 하는 조상들의 나눔 정신이 깃들어 있어요.

은별이의 일기

제과점의 계산대 앞에서 '푸드 뱅크'라고 쓰인 스티커를 발견했다. 무슨 스티커인지 궁금해 주인아주머니께 물어보았다.
"우리 가게는 그날 만든 빵만을 판매하고 있단다. 하지만 하루 이틀 더 두었다 먹어도 괜찮은 빵들이 있어. 그 빵들은 판매할 수도 없고 버리기도 아까워서 푸드 뱅크에 보내고 있지."
푸드 뱅크의 음식은 소년소녀가정이나 노숙자 쉼터, 각종 복지 시설에 기부된다고 했다. 푸드 뱅크에는 빵뿐만이 아니라 쌀이나 통조림, 식재료까지 다 기부할 수 있다고 한다.
그러고 보니 마트에서도 식품 기부함을 본 것 같다. 물건을 살 때 덤으로 한두 개씩 더 붙어 있는 경우가 있다. 내가 쓸 것보다 물건이 많으면 기부함에 넣는 것이 좋다고 엄마가 얘기했는데, 그것이 바로 푸드 뱅크로 가는 것이었나 보다.
예전에 할머니 댁에 갔을 때 할머니가 까치밥이라며 감나무 꼭대기에 달린 감 세 개를 따지 않고 남겨 두었던 생각이 난다. 동물들과도 음식을 나누어 먹었던 우리 조상님들이 자랑스럽다.
할머니가 '좀도리'라는 말을 알려 주셨다.
좀도리란 밥을 지을 때 한 줌씩 쌀을 덜어 내어 작은 항아리에 모아 두었다가, 형편이 어려운 사람에게 나누어 주던 것을 말한다. 조상들의 좀도리 정신이 푸드 뱅크와 같은 나눔 정신으로 이어졌나 보다.

5
쉽지만 쉽지 않은 봉사 활동

"내가 도와서 사람들이 이 악몽에서 빨리 벗어나면 좋겠어.
비록 불편한 몸이지만 분명 내가 할 만한 일이 있을 거야."

다리 잃은 천사의 아름다운 나눔

중국 쓰촨성의 원촨에 사는 라오즈는 무용 선생님이었다.

"라오즈는 정말 좋겠어. 날씬한 몸매에 예쁜 얼굴까지. 춤추는 모습이 정말 아름답지!"

"얼마나 예쁘면 영화배우 같다고 하겠어."

친구들은 모두 라오즈를 부러워했다. 예쁘고 착한 그녀는 무용 선생님이라는 직업에 자신을 쏙 빼닮은 한 살배기 딸을 키우며 부러울 것 없이 살았다.

하지만 그 행복은 2008년 5월에 끝나고 말았다.

집에서 아기와 함께 자고 있던 라오즈는 갑자기 집이 몹시 흔들리는 것을 느꼈다. 그리고 집이 무너지는 순간 그만 정신을 잃고 말았다.

라오즈는 누군가 자신을 건물 잔해에서 끌어낼 때에야 겨우 눈을 뜰 수 있었다.

"이봐요. 정신 차려요. 지금 당신을 구조하고 있어요."

구조원들은 무너진 흙더미를 헤치고 라오즈를 꺼냈다.

라오즈는 다리에 엄청난 고통을 느꼈다. 그녀의 다리는 이미 건물 더미에 짓눌려 있었다. 하지만 그 고통도 잠시, 라오즈는 아기를 찾기 시작했다.

"아기, 내 아기! 내 아기는 어디 있어요?"

라오즈의 아기는 그만 숨진 채 발견되었다.

"당신은 사고 후 26시간 만에 구조된 거예요. 그나마 목숨을 구할 수 있어서 정말 다행이에요."

주변 사람들은 그녀를 위로했지만 라오즈는 깊은 절망에 빠졌다.

"사랑하는 내 딸을 잃고 두 다리도 잃었어. 나는 이제 무용을 할 수 없을 뿐 아니라 혼자서 걸을 수도 없어."

대지진은 그녀가 사랑하는 두 가지를 모두 빼앗아 가 버렸다.

고통에 빠진 라오즈에게 의사가 물었다.

"당신은 지금 두 가지 중 한 가지를 선택할 수 있어요. 이대로 휠체어를 타고 다니던가 아니면 다리를 한 번 더 수술한 후 의족을 신고 생활할 수 있어요. 물론 의족이 당신 다리처럼 편안하지는 않을 거예요. 한동안 걸을 때마다 통증도 있을 거고요."

고민하던 라오즈는 의족을 택했다. 그래야 혼자 일어서서 걸을 수 있기 때문이었다.

대지진이 일어난 지 1년이 지났지만 쓰촨성은 아직도 제대로 복구가 되지 않았었다. 건물은 무너진 채 방치되었고 부모를 잃은 아이들은 돌아갈 곳이 없어 길에서 떠돌아다니기도 했다. 도시가 모두 붕괴돼 버린 큰 피해였기 때문에 복구되기까지 많은 노력과 시간이 들었다.

그동안 의족으로 걷는 것이 익숙해지자 라오즈는 지진 피해 지역으로 나섰다.

"라오즈, 너 제정신이니? 그 끔찍한 지진이 다시 생각날 텐데 그곳으로 가겠다고?"

"그래, 라오즈. 너는 몸도 불편하잖아."

친구들과 가족들이 말렸지만 라오즈는 자원봉사에 뛰어들었다.

"지진은 나에게 끔찍한 악몽과 같아. 하지만 내가 도와서 사람들이 이 악몽에서 빨리 벗어날 수 있다면 좋겠어. 비록 불편한 몸이지만 분명히 내가 할 만한 일이 있을 거야."

라오즈는 지진 피해 복구 현장에서 의족을 신은 채 사람들에게 물을 나누어 주고 아이들을 돌봐 주었다. 그렇게 라오즈는 자원봉사를 하며 쓰촨성 일대를 돌았다. 지진 피해 지역에서 그녀의 손길이 닿지 않는 곳이 없을 정도였다.

"정말 기적이야. 저 사람이 살아난 것도 기적이고, 불편한 몸으로 수많은 사람들을 돕는 것도 기적이지."

많은 사람들이 라오즈를 칭찬했다.

지진 피해 지역 복구가 마무리될 즈음 라오즈는 다시 아이들에게 무용을 가르치기로 마음먹었다.

"더 힘든 자원봉사도 했어. 무용을 가르치는 일은 훨씬 더 쉬울 거야."

힘들 거라고 생각했던 자원봉사는 오히려 라오즈를 다시 일어설 수 있게 해 주었다. 다치기 전만큼 마음껏 움직이지 못했지만 아이들을 가르칠 수는 있었다.

라오즈는 많은 장애 아동들에게 무용을 가르쳤다.

"선생님을 봐. 두 다리가 없어도 이렇게 무용을 할 수 있어. 너희들은 더 잘할 수 있을 거야. 용기를 갖고 해 보렴."

의족을 착용한 채 무용을 가르치는 라오즈의 모습은 장애 아동과 장애 여성들에게 큰 희망이 되었다. 라오즈는 무용을 가르치는 일을 하며 자신의 슬픔을 잊어 갔다.

라오즈가 일상생활로 돌아갈 무렵이었다. 2013년 4월, 야안 지역에서 발생한 대지진이 쓰촨성을 다시 덮쳤다.

"어떻게 또 이런 일이 일어났지?"

"정말 끔찍해. 이제 이곳에서 살고 싶지 않아."

두 번의 대지진을 겪어야 했던 쓰촨성 사람들은 절망하며 고통스러워했다.

하지만 라오즈는 대지진의 소식을 듣자마자 지진 피해 지역으로 달려가야겠다고 생각했다.

"얘들아, 우리 지진 피해 현장으로 가서 사람들을 돕자."

라오즈는 같이 갈 친구들을 모았다.

"무엇보다도 빨리 구조하는 게 중요해. 그래야 죽을 고비에 있는 사람도 살리고 다리를 절단해야 할 사람의 다리를 구할 수가 있단 말이야."

라오즈는 친구들을 설득해서 지진이 난 현장으로 함께 갔다. 라오즈의 마음을 아는 친구들 여럿이 함께했다.

라오즈는 다리가 불편했지만 할 수 있는 일은 무엇이든지 앞장섰다. 천막을 치고 사람들을 간호하고 흙더미를 나르기도 했다. 그녀는 잠시도 쉬지 않았다. 그런 라오즈를 걱정하는 사람도 많았다.

"좀 쉬어 가면서 해요. 그러다 병나겠어요."

"아무리 좋은 일을 해도 그렇지 내 자신이 먼저 아니겠소."

사람들이 쉬라고 말릴 때마다 라오즈는 고개를 저었다.

"아니에요. 한시가 급해요. 그래야 좀 더 많은 사람에게 도움이 될 수 있잖아요. 저도 사람들의 도움으로 살아났어요. 비록 딸아이와 두 다리를 잃었지만 사람들이 열심히 구조 작업을 하지 않았다면 전 여기에 있지 못했을 거예요."

라오즈에게 감동을 받아 자원봉사에 나서는 사람이 많아졌다.

"라오즈, 힘들지 않아? 나는 자꾸 5년 전의 지진이 생각나서 힘들어. 그때 무서웠던 기억이 떠올라."

사람들 중에는 두려운 기억 때문에 나서려고 하지 않는 사람들도 있었다.

"나는 가만히 있는 게 더 두려워. 가만히 있으면 사람들이 비명을 지르고 죽어 가는 모습이 눈앞에 아른거려. 차라리 몸이 힘들어도 여기서 일하는 게 훨씬 마음이 편해."

지진 현장 어디에서도 긴 머리를 질끈 묶고 운동화를 신고 장갑을 낀 채 돌아다니는 라오즈를 볼 수 있었다.

"저렇게 젊고 예쁜 사람이 이렇게 힘든 일에 앞장서다니."

"얼굴보다 마음이 훨씬 예쁜 것이지."

"정말 강한 사람이야. 보통 사람이라면 두 번의 지진을 견디지 못했을 거야. 거기다 딸과 다리까지 잃었다면 아마 미쳐 버렸을 거야. 저렇게 여리고 젊은 여자가 정말 대단해."

라오즈에 대한 소문은 중국 대륙에 퍼져 나갔고 많은 사람들을 감동시켰다.

사람들이 "꿈이 뭐예요? 소원이 뭐예요?"라고 물으면 라오즈는 이렇게 대답한다.

"쓰촨성에 더는 지진이 일어나지 않았으면 좋겠어요. 그리고 제 작은 바람은요, 무용으로 자원봉사를 할 수 있도록 계속 건강하게 지

내는 것이에요."

라오즈는 지진 현장에서의 자원봉사가 끝나면 다시 무용을 가르치는 봉사를 할 것이다.

라오즈는 대지진으로 소중한 것들을 잃었지만, 자원봉사로 그 슬픔과 고통을 이겨 내고 자신의 꿈을 키워 나가고 있다. 지진이라는 끔찍한 비극은 라오즈의 꿈을 짓밟지 못했고, 그녀는 더 강하고 더 아름다워졌다.

자원봉사를 할 때 이것은 지켜요!

자원봉사를 할 때 주의해야 할 점은 태도에 있어요. 쉬운 것만 하려 하거나 자원봉사를 간 곳의 규칙을 따르지 않으면 오히려 방해만 되는 경우가 있어요. 봉사 활동을 하며 귀찮아 하거나 짜증을 내면 오히려 주위에 큰 불쾌감을 줄 수 있어요. 또 게임기나 스마트폰에 빠져 기계만 만지작거리는 것도 바른 자세라고 할 수 없어요.

자원봉사를 하는 목적이 누구에게 잘 보이려고 한다거나 봉사 시간 채우기, 성적 때문에 하는 것이 되어서는 안 돼요. 그러면 진정으로 봉사를 할 때 얻을 수 있는 보람과 기쁨을 얻을 수 없기 때문이에요. 반면 자신에게 너무 부담이 되는 봉사 활동은 하지 않는 것이 좋아요.

개인 시간을 너무 많이 빼앗거나, 너무 많은 돈이 들어가거나, 몸이 너무 힘든 봉사 활동이어서 부담이 된다면 "안 하겠어요."라고 말할 수 있는 용기가 필요해요. 봉사 활동을 하는 사람의 마음이 불편하고 부담스럽다면 하기 싫은 일을 억지로 하는 셈이 되기 때문이에요.

진정한 자원봉사로 기쁨을 느껴 봐!

🌸 봉사 활동을 할 때 알맞은 옷차림

봉사 활동은 몸을 움직이는 일이 많으니 편한 옷이 좋아요.
그렇지만 슬리퍼를 신는다거나 지저분한 옷을 입고 간다면
도움을 받는 사람들에게 불쾌감을 줄 수 있으니 깨끗하고
활동하기 좋은 옷과 신발을 신도록 해요.
그리고 도움이 필요한 사람들이 봉사자들을
빨리 찾을 수 있도록 눈에 띄는 색의
옷을 입는 게 좋아요. 단체복이 있다면
단체복을 입는 것도 좋은 방법이에요.

깨끗하고 편한 복장이 최고야!

가족 봉사의 좋은 점

주위에는 가족이 함께하는 가족 봉사 활동을 할 수 있는 곳이
있어요.
가족 봉사를 하는 동안 가족끼리 대화를 많이 나누게 되고 힘을
합치게 되어 가족의 단결력이 생겨요. 서로 부족한 부분을 도울
수 있어 봉사가 어렵지 않게 느껴질 수 있어요.
또한 각자 바빴던 가족들이 함께 어려운 일을 하면서 서로
친해질 수 있어요. 어린이들은 어른과 함께해서 안전할 뿐만
아니라 봉사 활동을 하며 규칙과 예절 등을 배울 수가 있어요.

수아의 일기

일요일 아침이라 더 자고 싶었는데 엄마가 깨웠다.

"수아야, 오늘 가족 봉사 활동 가기로 한 날이잖아. 얼른 일어나."

나는 다시 이불을 뒤집어썼지만 곧 엄마에게 빼앗기고 말았다.

우리 가족이 간 곳은 할머니, 할아버지들이 계시는 요양원이었다.

뭘 해야 할까 두리번거리고 있을 때 안경 쓴 할머니가 나에게 오라고 손짓을 했다.

"여기 책 좀 읽어 줄래? 내가 이래 봬도 예전에는 문학 소녀여서 책을 많이 읽었는데 요즘은 눈이 침침해서 글씨가 잘 안 보이는구나."

할머니는 낡은 책 한 권을 내미셨다. 다른 책이 없어서 같은 책만 스무 번을 넘게 읽으셨다고 했다.

할머니는 눈을 감고 책 읽는 내 목소리에 귀를 기울이셨다.

"할머니 다음에 올 때 재미있는 책을 가지고 올게요."

나는 할머니와 약속을 했다.

일주일 뒤, 골라 놓은 동화책을 가지고 요양원에 갈 준비를 했다.

"수아야, 오늘은 안 가. 오늘은 엄마랑 아빠가 친척 결혼식에 가야 해."

나는 할머니와의 약속이 생각났다.

'할머니가 내 동화책을 기다리고 계실 텐데.'

일주일 뒤, 요양원에 도착하자마자 할머니에게 달려갔다. 할머니는 나를 기다렸다며 서랍에서 사탕이랑 과자를 꺼내 주셨다.

"할머니 드시지……."

사양했지만 할머니가 내 생각을 하며 모아 두셨다며 호주머니에 사탕을 넣어 주셨다.

나는 가져간 동화책을 읽어 드렸다. 할머니는 내 이야기를 듣고 어린 아이처럼 웃기도 하고 눈물을 글썽이기도 하셨다.
봉사 활동이 힘들어도 왜 계속하는지 이제 알 것 같다. 나를 기다리며 반가워하는 할머니 생각을 하면 일요일 아침이 기다려진다.

6
조금씩 모아 큰 사랑, 모금

"자전거를 타고 동네 다섯 바퀴를 꼭 돌게요.
아이티의 불쌍한 어린이들을 돕고 싶어요. 저에게 돈을 보내 주세요.
제 목표 금액은 500파운드예요."

사랑을 실은 자전거를 타고

애들아, 안녕? 나는 영국 런던에 사는 찰리 심슨이라고 해.

내가 했던 작은 모금 운동에 대해서 얘기해 주고 싶어. 우리도 마음만 먹으면 모금 운동을 할 수 있단다. 내 이야기를 들어 볼래?

내가 일곱 살 때였어. 나는 엄마와 함께 텔레비전을 보고 있었지.

뉴스가 나왔는데 아이티라는 나라에서 큰 지진이 났다는 거야. 건물과 땅이 무너지고 사람들이 많이 죽거나 다쳤대. 나는 텔레비전에서 눈을 떼지 못했어. 그때 어린 여자아이와 남자아이가 구조되는 모습을 보았어. 지진이 난 지 열흘째 되는 날이었어. 나는 그 기적을 보고 정말 기뻤어. 아이들이 힘들어 보이기는 했지만 다행히 살았잖아.

"엄마, 정말 다행이에요. 그런데 저 애들은 집도 무너지고 먹을 것도 없는데 이제 어떻게 살아요?"

나는 걱정이 되어서 엄마에게 물어보았어.

"그러게 말이야. 춥고 배고프고 지낼 곳도 없을 거야."

나는 구조되는 아이들을 보며 돕고 싶다는 생각을 했어.

"엄마, 아이티의 아이들을 위해 제가 할 수 있는 일이 없을까요? 저 애들을 돕고 싶어요."

엄마는 내 말을 듣고 머리를 쓰다듬어 주셨어.

"하지만 엄마, 난 저 아이들을 도와줄 만큼 돈이 없어요. 아직 어려서 돈을 벌 수도 없고요. 내가 할 수 있는 거라고는 이제 막 자전거 타는 법을 알게 되었다는 것뿐이에요."

나는 비록 어렸지만 가엾은 아이들을 간절히 돕고 싶었어.

"찰리, 방법이 있어. 이건 어떠니? 인터넷에 너의 이런 계획을 알리는 거야. 그리고 네가 자전거를 타며 모금을 하는 거지."

엄마 말을 듣고 정말 기뻤어. 내가 할 수 있는 일이 있어서 말이야.

"엄마, 저 친구들이 잠을 잘 수 있는 곳과 음식을 구하려면 돈이 얼마나 필요할까요?"

엄마랑 나는 돈을 계산해 봤어. 약 500파운드 정도가 필요할 것 같았어.

"그렇게 큰 돈을 제가 모을 수 있을까요?"

나는 걱정이 되었어. 하지만 곧 마음을 고쳐먹었지. 목표 금액을 다 채우지 못하더라도 괜찮다고 말이야. 내가 모은 돈을 아이티에 보내면 아이들에게 조금이라도 도움이 될 테니까.

나는 엄마의 도움을 받아 인터넷 기부 사이트인 '저스트기빙'에 글을 올렸어.(www.justgiving.com)

저는 찰리 심슨이고 일곱 살이에요. 이제 막 자전거를 배워서 자전거 타기가 아직 많이 서툴러요. 그렇지만 자전거를 타고 우리 동네 다섯 바퀴(8킬로미터)를 꼭 돌게요. 약속해요. 불쌍한 아이티 어린이들을 돕고 싶어요. 마음이 착한 분들은 저에게 돈을 보내 주세요. 제 목표 금액은 500파운드예요.

나는 큰 기대는 하지 않았어. 적은 돈이 모인다 할지라도 열심히 자전거를 타겠다고 마음먹고 있었지.

그런데 정말 엄청난 일이 일어났어. 수많은 사람들이 돈을 보내기 시작했어. 10파운드, 20파운드씩 돈이 계속 들어왔어. 많은 사람들이 응원해 준다고 생각하니 용기가 났어.

자전거를 타고 동네를 돌기로 한 날, 많은 기자들과 카메라를 든 사람들이 모였어. 나는 헬멧을 쓰고 아빠랑 자전거를 탔어. 내가 자전거 페달을 힘차게 굴릴 때마다 사람들이 박수를 보내 줬어.

자전거를 타는 동안 넘어질까 봐 조마조마했지만 나를 믿고 돈을 보내 준 사람들을 위해 힘을 냈어. 또 아이티의 아이들을 생각하니 힘이 났지.

나는 결국 열심히 자전거 페달을 밟아 동네 다섯 바퀴를 모두 돌았단다. 그 순간 얼마나 기뻤는지 몰라.

그날 이후로도 모금액은 계속 쌓였어. 나는 115만 파운드가 넘는 돈을 모았고 그 돈을 전부 아이티 아이들에게 보냈단다.

모금은 어려운 게 아니야. 나는 그냥 자전거만 탔을 뿐이잖아. 나 같은 꼬마도 할 수 있었다고.

나처럼 모금 운동에 앞장선 친구들이 많다는 이야기를 들었어.

미국의 알렉스라는 친구는 첫돌이 되었을 때 소아암 진단을 받았대. 그 아이는 네 살 때 자기처럼 아픈 아이들을 돕고 싶다며 레모네이드를 만들어 팔기 시작했어. 알렉스의 레모네이드 판매대를 만든 거야.

한 잔에 600원 정도의 음료수가 첫날 4000잔이나 팔렸대. 사람들이 알렉스의 따뜻한 마음에 감동해서 모금 운동에 함께 참여한 거지.

가엾게도 알렉스는 여덟 살 때 하늘나라로 갔지만 세계 곳곳에 알렉스의 판매대가 생겨 지금도 모금이 계속되고 있대.

모금은 특별한 재주가 필요하지 않아. 남을 돕고 싶다는 따뜻한 마음과 의지만 있으면 되지. 자기가 좋아하는 어떤 거라도 모금 운동에 이용할 수 있어.

미국의 오스틴이라는 아이는 농구로 모금 운동을 했어. 오스틴은 농구를 아주 좋아했거든.

오스틴은 아프리카 아이들을 돕기 위해 농구공 던지기로 모금 운동을 하기로 했어.

농구공이 골대에 들어갈 때마다 가족과 친척들은 1달러씩 후원을 하기로 약속했어. 오스틴은 2057명의 아이들을 도와주기 위해 체육관에서 농구공 2057번을 던지기로 했어. 오스틴이 자유투를 던질수록 사람들은 모여들었고 지쳐서 휘청거리는 몸으로 2057번을 다 던졌을 때는 수많은 사람들이 함성을 질렀다고 해.

오스틴의 농구공 던지기는 그 후로도 계속되었고, 수만 명이 이 모금에 참여해서 잠비아에 학교와 에이즈 진료소를 지을 수 있었어.

어때? 모금은 특별한 기술이 없어도 마음만 있으면 얼마든지 할 수가 있겠지? 우리처럼 나이가 어리더라도 말이야.

지금 누군가를 돕고 싶다면 조금만 용기를 내서 시작해 봐. 생각보다 훨씬 더 많은 사람들이 함께할 거야.

1000원으로 무엇을 할 수 있을까?

'1000원이 무슨 도움이 되겠어!'라고 생각할 수도 있다.
하지만 우리가 생각하는 것보다 1000원은 훨씬 더 큰돈이 될 수 있다.
1000원으로 어떤 일을 할 수 있는지 알아보자.

🌸 **1000원으로 방글라데시의 아이들 20명에게 우유 한 컵을 줄 수 있다.**

방글라데시의 수도인 다카에는 거리에서 생활하는 아이들이 많아요.
아이들은 쓰레기를 주우며 생활하기도 하고 먹을 것이 없을 때는
굶기도 해요. 방글라데시 거리의 아이들을 돕기 위해 국제 협력
기구에서 '드롭 인 센터'를 만들었어요. 이 센터에서는 하루에 한 번
아이들에게 한 컵의 우유를 줘요.
1000원이면 방글라데시의 길거리
아이들 20명이 드롭 인 센터에서
우유 한 잔을 마실 수 있어요.

🌸 1000원으로 아프카니스탄 아이들 다섯 명에게 교과서를 줄 수 있다.

아프카니스탄은 전쟁으로 많은 학교가 파괴되었어요. 아이들은 학교에 가고 싶어도 다닐 학교가 터무니없이 부족해요. 그나마 있는 학교 건물에서는 책상 없이 맨바닥에서 공부하기도 해요. 이렇게 열악한 환경의 아프가니스탄에서 교과서 한 권은 200원이에요. 1000원이면 아프카니스탄 아이들 다섯 명에게 교과서를 줄 수 있어요.

🌸 1000원이면 우간다의 4인 가족이 한 달간 마실 물을 깨끗하게 만들 수 있다.

물이 부족한 우간다에서는 더러운 물 때문에 병에 걸려 죽는 사람들이 많아요. 깨끗한 물을 마실 수 있게 정수를 해 주는 알약이 있는데 1000원이면 이 알약을 살 수 있어요. 1000원으로 산 알약으로 물을 정수하면 우간다의 4인 가족이 한 달 동안 깨끗한 물을 마실 수 있어요.

진새의 일기

우리 반 아이들은 영국의 찰리 심슨의 이야기를 동영상으로 보았다. 우리들은 찰리의 이야기에 용기를 얻어 모금 운동을 하기로 했다. 먼저 누구를 돕고 모은 돈을 어디에 보낼 것인가에 대해 의논했다. 그리고 찰리처럼 우리가 잘할 수 있는 것을 정해서 모금을 하기로 했다. 우리 모둠은 줄넘기를 하기로 했다. 부모님과 친척들, 그리고 학교 게시판에 알려 줄넘기 100개당 천 원의 모금액을 정했다.

옆 모둠은 공원 걷기를 하기로 했고 다른 모둠은 벼룩시장을 열기로 했다.

나는 책에서나 인터넷에서 본 것처럼 우리의 모금 활동이 술술 잘될 줄 알았다. 하지만 어려운 점이 많았다.

줄넘기를 할 테니 모금을 해 달라고 했는데 거절하는 사람도 있었다. 부모님은 기꺼이 도와주겠다고 했지만 누나는 싫다고 했다. 내가 그 돈을 정말 좋은 곳에 쓸지 믿을 수 없고 자기도 용돈이 부족해서 안 된다나!

나는 모금 운동을 하면서 깨달았다. 거절을 당해도 속상해해서는 안 된다. 그러면 계속 모금 활동을 할 수가 없다. 그리고 모금을 해 달라고 막무가내로 졸라서도 안 된다.

이번 모금을 통해 좋은 점도 많이 생겼다. 줄넘기를 열심히 하면서 모금도 하게 됐고 덕분에 몸도 건강해졌다. 친구들과 함께하니까 그만두고 싶어도 서로 격려해 가며 끝까지 할 수 있었다.

우리 반 아이들은 어른이 되어서도 남을 돕는 모금 활동을 열심히 하기로 결심했다.

7
기부의 미덕

"내가 제주도 사람들 덕분에 부자가 된 것이 아닌가!
이 사람들이 굶어 죽는 것을 보고만 있을 수는 없어."

조선의 여성 사업가 김만덕

만덕이는 바닷바람을 맞으며 돌담길을 힘없이 걷고 있었다.

아버지는 몇 해 전 제주도를 휩쓸었던 돌림병으로 돌아가시고 병든 어머니와 두 오빠들이 있었지만 아무도 만덕이를 돌보지 않았.

만덕이는 동네를 돌며 잔심부름을 하거나 허드렛일을 도우며 먹을 것을 얻어먹었다.

하지만 제주도에는 지독한 흉년이 들고 돌림병까지 돌아 인심이 흉흉해져 먹을 것을 구하지 못하는 날이 더 많았다.

"어휴, 힘들어."

만덕이는 팍팍해진 다리를 두드리며 이 집 저 집을 기웃거리다가 거문고 소리가 들리는 커다란 기와집 앞에 이르렀다.

'누가 거문고를 이렇게 아름답게 연주할까?'

만덕이는 대문 앞에서 기웃거리다 그 집에서 일하던 아주머니 눈에 띄었다.

"보아하니 제대로 먹지 못한 지 여러 날이 된 거 같은데 여기서 음식을 얻어먹고 일을 좀 도와주련?"

만덕이가 일하게 된 집은 이름난 기생 월중선의 집이었다.

같이 일하던 사람들은 겉모습이 초라한 아이가 부엌에 들어와 일하는 것을 반갑게 여기지 않았다. 하지만 만덕이의 일하는 솜씨와 부지런함에 부엌 식구들은 만덕이를 금세 좋아하게 되었다. 만덕이는 그 집에서 계속 일하게 되었다.

만덕이가 열두 살이 되던 해에 그만 어머니가 세상을 떠났다. 그 후 만덕이는 기생 월중선의 수양딸이 되었다. 만덕이가 부지런하고 영리해서 월중선도 만덕이를 아끼고 있었던 것이다.

하지만 기생의 수양딸이 된다는 것은 자신도 기생이 되어야 한다는 뜻이었다. 만덕이는 월중선을 따라 스물세 살까지 기생으로 살았다. 하지만 오빠와 친척들은 만덕이가 기생이 된 것에 불만이 많았다. 만덕이를 창피하게 여겼던 오빠와 친척들이 한마디씩 했다.

"우리 집안에 기생이라니. 너는 집안의 수치다. 굶어 죽을지언정 어떻게 기생이 된단 말이냐."

가족들의 원망에 만덕은 모은 돈을 가지고 월중선의 집에서 나왔다.

"너는 부지런하고 영특해서 무엇을 하던지 성공을 할 것이다. 내가 너를 도와주마."

수양어머니인 기생 월중선은 만덕이 가게를 차릴 수 있도록 도와주었다. 제주 특산물인 귤, 미역, 말의 갈기를 육지에 팔고 장신구나 화장품, 옷감 등 제주도에서 나지 않는 것들을 사서 제주도 사람들에게 팔았다.

만덕은 부지런하고 정직했기 때문에 많은 사람들이 그녀를 믿고 물건을 받아 장사를 했다. 만덕의 사업은 점점 잘되어 돈이 쌓여 갔다. 나중에는 배를 사서 직접 물건을 실어 나르며 장사를 해서 더 많은 돈을 벌었다.

조선 시대에 여자 혼자 장사를 하는 것은 무척이나 힘들었다. 만덕은 갖은 무시와 차별을 당하고 위험에 빠지기도 했다. 하지만 씩씩하고 정직한 만덕은 사람들의 편견을 이기고 제주도의 큰 부자가 되었다.

　만덕은 풍족했지만 모든 것을 아껴 썼다. 먹을 것을 아껴 먹고 낡은 옷을 입고 다녔다.

　주위 사람들은 만덕에게 모아 둔 재산을 누리면서 편히 지내라고 했지만 만덕은 고개를 저었다.

　"아니야. 내가 잠도 못 자고 제대로 못 먹으면서 악착같이 번 돈이야. 여자라고 무시당하면서도 이겨 내고 열심히 일해 번 돈이지. 내 돈은 정말 값진 곳에 쓸 것이야."

　만덕은 그렇게 계속 일하여 돈을 모았다.

　어느 해부터 제주도에 흉년이 들었다. 4년 넘게 흉년이 계속되자 굶어 죽는 사람이 생겼다. 눈치 빠른 장사꾼들은 육지에서 쌀을 사서 제주도 사람들에게 비싸게 팔았다. 그래서 제주도의 가난한 사람들은 쌀을 사기가 더 힘들어졌다.

　"아무리 가난 구제는 나라님도 못한다지만 이렇게 많은 사람이 굶고 있는데 나라에서 우리를 도와줘야 하는 거 아니오?"

　제주도 사람들의 불만은 커졌고 한양에 있는 임금도 제주도 사람들이 굶어 죽어 가고 있다는 소식을 들었다.

　나라에서는 제주도로 쌀을 보냈다. 그런데 하필이면 거대한 태풍이 불어 쌀을 실은 배 다섯 척이 모두 바닷물 속으로 가라앉고 말았다.

"우리는 이제 다 죽게 생겼어. 부자들은 쌀을 사 먹겠지만 가난한 백성들은 앉아서 죽는 수밖에……."

만덕은 마음이 아팠다.

"내가 제주도 사람들 덕분에 부자가 된 것이 아닌가! 이 사람들이 굶어 죽는 것을 보고만 있을 수는 없어."

만덕은 전 재산을 들여 육지에서 쌀을 사 오게 했다. 만덕 주위의 많은 사람들이 만덕을 말렸다.

"전 재산이라고요? 안 됩니다. 어르신이 어떻게 모으신 돈인데 전 재산을 내놓는다는 것입니까!"

만덕은 자신의 의견을 굽히지 않았다.

"사람들이 굶어 죽어 가고 있는데 나 혼자 잘 먹고 잘살면 그것이 사람이 할 짓이더냐."

만덕의 단호한 의지에 모두 할 말을 잃었다. 만덕의 얘기를 들은 일꾼은 육지로 나가 그 돈으로 전부 쌀을 샀다. 모두 쌀 500석이었다.

만덕은 쌀 500석을 제주도 사람들에게 모두 나누어 주었다. 그리고 이것을 비밀로 하였다. 하지만 곧 모든 것을 알게 된 제주도 사람들이 만덕을 찾아왔다.

"피 한 방울 섞이지 않은 저희들한테 먹을 것을 주시다니요. 이 큰 은혜를 어찌 갚아야 하나요."

"어르신 덕분에 가족 모두 살았습니다. 며칠만 더 지났어도 모두 죽은 목숨이었을 거예요."

사람들은 눈물을 흘리며 만덕에게 진심으로 고마워했다.

"지금까지 어떤 부자도 이렇게 많은 재산을 내놓은 적이 없었네. 자네가 제주도 백성을 살렸다."

제주 목사(조선 시대의 지방 관리)도 만덕의 기부에 감동하여 눈물을 흘렸다. 만덕이 내놓은 재산 덕분에 제주도의 백성 수천 명이 목숨을 구했으니 그럴 만도 했다.

제주 목사는 이 사실을 당시 임금이었던 정조에게 알렸고 정조도 그 사연에 감동을 받았다.

"여자의 몸으로 그 큰 재산을 모은 것도 기특한데 그 재산을 가난한 이들에게 모두 나누어 주다니. 만백성들은 이 여인의 덕을 본받아야 할 것이다. 상으로 그 여인의 소원을 들어주겠노라."

제주 목사는 만덕을 불러 임금의 뜻을 전했다.

"자네가 전 재산을 내놓아 제주도 사람들을 살렸다는 소식에 전하께서 큰 감동을 받으셨네. 그래서 자네의 소원을 들어주기로 하셨소. 소원을 말해 보시오."

제주 목사의 말에 만덕은 평생 생각하던 소원을 주저 없이 말했다.

"궁궐로 가 임금님을 직접 뵙고 금강산 여행을 하는 것입니다."

제주 목사는 만덕의 말에 깜짝 놀랐다. 조선 시대에 평민은 임금님을 직접 만날 수 없었고 특히 제주도에서는 육지로 나가는 것이

매우 어려웠기 때문이었다. 게다가 조선 시대에는 성공하고 출세한 남자들도 금강산 구경을 하기 힘들었다.

임금은 만덕의 소원을 들어주고 싶었지만 신하들이 심하게 반대를 했다. 그래서 1년이 지난 뒤에야 신하들을 설득해서 만덕의 소원을 들어줄 수 있게 되었다.

1년 뒤, 정조는 만덕을 궁궐로 불러서 직접 만나 보았다. 그리고 만덕이 편히 금강산을 여행할 수 있도록 모든 것을 도와주었다. 만덕의 나이 58세 때의 일이었다.

"내가 이런 큰 은혜를 받자고 쌀을 나누어 준 것이 아닌데. 베푼 것에 비해 너무 많은 것을 받는구나."

만덕은 자신이 받은 모든 것에 감사하며 죽을 때까지 재산을 나누고 베풀며 살았다.

지금도 제주도에는 김만덕의 정신을 이어받아 나눔을 실천하는 '김만덕 기념사업회'가 있고 김만덕의 덕과 은혜를 기리는 탑과 전시관이 있다.

김만덕은 많은 세월이 흐른 지금도 많은 사람들에게 본보기가 되고 있으며 나눔을 실천하는 기업가 정신의 상징이 되었다.

노블리스 오블리주

노블리스 오블리주라는 말은 '귀족은 책임이 있다'라는 프랑스어예요. 부자나 사회 지도층이 사회에 대한 책임이나 의무를 다하여야 한다는 뜻이지요. 또한 재산 기부, 병역 의무를 하는 것, 도덕적인 생활 등으로 사람들에게 모범을 보임으로써 사회 지도층으로 존경받는 모습을 말해요. 미국의 록펠러, 빌 게이츠, 워런 버핏 같은 사람들은 재산의 대부분을 사회에 환원하며 노블리스 오블리주를 실천하고 있어요.
한국의 유한 박사는 유한양행 회사를 자식에게 물려주지 않고 사회에 환원함으로써 노블리스 오블리주를 실천한 대표적인 기업가로 존경받고 있어요.

경주 최 부잣집

경주의 최 부잣집은 노블리스 오블리주 정신을 잘 실천한 집안으로 유명해요. 자기 이익만을 챙기는 부자가 아니라 나눔의 정신을 실천하였고 사람들에게 모범이 되었어요. 경주 최 부잣집에 전해 내려오는 가훈은 나눔의 정신을 잘 말해 줘요.

1. 과거 시험을 보되 진사 이상의 벼슬을 하지 마라.
   너무 높은 벼슬을 하면 정치 싸움에 휘말릴 수 있다.
2. 재산을 모으되 쌀 만 석 이상을 모으지 마라.
   지나치게 재산에 욕심을 부리면 화를 당한다.

3. 나그네에게 후하게 대하여라.
   집에 온 손님은 신분을 가리지 말고 잘 접대해서 보내라.

4. 흉년에는 남의 논밭을 사지 마라.
   사람들이 먹고살기 어려울 때 재산을 늘리지 마라.

5. 집안에 며느리가 들어오면 3년 동안 비단옷이 아닌 무명옷을 입게 하라.
   가난을 체험해서 어려운 사람들을 이해하고 도와라.

6. 사방 백 리 안에 굶어 죽는 사람이 없게 하라.
   부자로서 사회적 책임을 가지고 이웃이 굶지 않게 도와주어라.

경주 최 부잣집은 300년 동안 12대에 걸쳐 부자로 살았고 최준이 그 마지막 자손이었어요. 최준은 독립운동 자금을 대다가 일본에게 들켜 재산을 빼앗겼고 마지막 남은 재산을 털어 학교를 세웠어요.

최 부자가 살던 집이야. 경주에 남아 있어.

103

어렸을 때는 아주 가난했다. 학교에
갈 돈도, 책을 살 돈도 없었다. 하지만
부지런히 일했다. 결국 철강 회사를
세웠고 미국에서 필요한 철강 대부분을 내
회사에서 만들었다. 그래서 나는 지금 부자가 되었다.
이제 철강 회사를 팔아서 그 돈으로 전국에 도서관을 세울 것이다.
가난한 사람들도 공부할 수 있게 말이다.
나는 재산의 90% 이상을 사회에 내놓기로 했다. 내 재산은
사람들로부터 벌어들인 것이니 사람들에게 다시 돌려주는 것이 맞다.
내 재산으로 하고 싶은 일, 해야 할 일이 정말 많다.
대학도 세우고 멋진 연주회장도 지어야지.
나는 돈을 벌 때보다 지금이 더 행복하다.
내 재산을 값지게 쓰고 있기 때문이다.
모든 사람들에게 나는 진심으로 이 말을 꼭 하고 싶다.
부자인 채로 죽는 것은 정말 부끄러운 것이다!

8
똑바로 알자, 재능 기부

"자신이 가지고 있는 재능을 나누는 거야.
힘찬이는 축구를 잘하잖아. 축구 실력을 기부하는 거지."

힘찬이의 축구공

2학기가 시작된 지 한 달이 되어 가지만 여전히 햇살은 따갑기만 하다.

운동장에는 까만 반바지에 줄무늬 티셔츠 유니폼을 입은 축구부가 연습 중이었다.

한결이는 은행나무 그늘 아래서 공을 차는 축구부를 바라보고 있었다. 입술이 검붉은 한결이는 신발주머니를 깔고 앉아 일어날 줄을 몰랐다.

축구부 연습이 끝나자 힘찬이가 한결이에게 뛰어왔다.

"힘찬아, 나 아픈 거 나으면 정말 축구 가르쳐 줄 거지?"

"그럼, 빨리 낫기나 해. 내가 지난번 대회에서 상으로 받은 축구공, 아직 그대로 뒀어. 너 가르쳐 줄 때 쓰려고."

"정말? 너랑 새 축구공으로 열심히 연습할 거야."

둘은 어깨동무를 하고 신발주머니를 흔들며 집으로 돌아갔다.

한결이는 단짝 친구인 힘찬이가 축구 연습을 하는 것을 매일 지켜봤다. 그리고 연습이 끝나면 같이 집으로 돌아갔다.

학교의 은행나무가 노란 잎을 떨어뜨리기 시작할 무렵이었다.

한결이는 심장병 수술을 받기 위해 병원에 입원했다. 하지만 한결이네 집 형편으로는 비싼 수술비를 감당할 수가 없었다. 반 아이들은 한결이를 도울 생각을 했다.

"그래. 우리 힘으로 돈을 모아 보자."

"모금도 좋지만 우리가 각자 뭔가를 기부하는 게 어때?"

힘찬이네 반 아이들은 이번 주에 학교에서 바자회를 열기로 했다.

"지난번 생일 선물로 받은 지갑이 있는데 한 번도 안 썼어. 그걸 낼 거야."

"난 학용품 세트를 내야겠어. 당분간은 내 동생이랑 같이 써도 되거든."

아이들은 바자회에 낼 물건을 생각하느라 정신이 없었다.

힘찬이는 학교 수업이 끝난 후 혼자 운동장에서 공을 찼다. 한결이가 보고 싶었다.

'난 뭘 내지?'

아무리 생각해도 힘찬이에게는 바자회에 낼 만한 물건이 없었다.

항상 형들이 쓰던 옷과 물건을 물려받은 힘찬이에게 새것이란 없었다.

힘찬이네 집 형편도 한결이네보다 나을 게 없었다. 그래서 엄마에게 돈을 달라고 떼를 쓸 수도 없었다.

힘찬이는 이마에 맺힌 땀을 닦으며 은행나무 아래를 바라보았다. 늘 한결이가 앉아서 자기를 지켜보던 곳이었는데 텅 비어 있었다.

'한결이는 나의 제일 친한 친구야. 꼭 한결이를 도울 거야. 내가 낼 만한 것이 뭐가 있을까? 헌것이라도 쓸 만한 것이면 괜찮다고 했는데.'

힘찬이는 집까지 고개를 숙이고 뚜벅뚜벅 걸었다.

"아, 그래. 나한테도 새것이 있어!"

힘찬이는 갑자기 떠오른 생각에 급하게 집까지 뛰어갔다.

집에 가자마자 힘찬이는 책상 밑에 두었던 종이 상자를 꺼냈다. 상자에서 보물을 꺼내듯 축구공을 조심스럽게 꺼냈다.

새 축구공이라 고무의 시큼한 냄새가 아직도 배어 있었다.

힘찬이가 지난 봄 전국 축구 대회에서 득점왕이 되어 상으로 받은 축구공이었다. 유명 상표의 로고가 그려져 있어 한눈에 보아도 고급스러운 축구공이었다.

힘찬이는 공을 이리저리 돌려 보았다.

"힘내라! 힘내라! 정힘찬!"

결승전이 있던 날의 응원이 힘찬이의 귓가에 맴돌았다.

"야, 정힘찬. 너 뭐 해?"

어느새 작은형이 방에 들어와 있었다.

"내가 온 것도 모르고. 뭐 하냐?"

형이 힘찬이의 어깨 너머로 고개를 쑥 내밀었다.

"이거 가져가려고."

축구공을 큰 가방에 넣는 힘찬이를 작은형이 붙잡았다.

"어디 가지고 가?"

"한결이 돕는 바자회에 낼 거야."

"뭐? 형들은 손도 못 대게 하더니. 그냥 바자회에 낸다고?"

작은형은 공을 빼앗아 만지작거리며 말했다.

"야, 형이 몇 번만 차 볼게."

"안 돼. 더러워지면 안 팔린단 말이야."

힘찬이는 작은형에게서 공을 도로 빼앗았다.

다음 날 힘찬이는 축구공이 든 가방을 들고 학교로 갔다. 힘찬이는 아쉬운 눈빛으로 가방을 내려다봤다.

'이깟 축구공은 내년에 또 받으면 돼. 한결이는 나랑 제일 친한 친구야.'

아쉬움을 털어 내려는 것처럼 힘찬이는 고개를 마구 흔들었다.

바자회 준비로 교실은 들떠 있었다.

쉬는 시간 내내 아이들은 모둠을 나누어 교실을 돌아다니며 바자회 소식을 알렸다.

"우리 반 은한결 친구를 돕기 위한 바자회가 운동장에서 열립니다. 많은 관심을 가져 주세요."

아이들은 목이 아픈 줄도 모르고 교실을 돌며 바자회를 홍보했다.

수업이 끝난 후, 힘찬이네 반 아이들은 은행나무 그늘 아래로 책상을 나르고 바자회를 준비했다. 다른 아이들이 물건에 금액을 써 붙이고 있었다.

힘찬이는 가방에서 축구공을 꺼냈다.

'이 축구공은 얼마를 받아야 하지?'

힘찬이의 축구공을 본 아이들이 몰려들었다.

"힘찬아, 이 축구공 기부하려고? 완전 새것인데. 내가 사고 싶다."

정호가 축구공을 손바닥으로 쓱쓱 문지르며 말했다.

"이거 지난번 득점왕 됐을 때 받은 거 아니야?"

짝꿍인 현지가 물었다. 힘찬이는 고개만 끄덕였다.
"너 이거 내면 어떡해! 너한테 소중한 추억이잖아."
성미가 공을 만지작거리며 안타까운 표정으로 말했다.
"나한테는 한결이가 더 소중해."
힘찬이는 공을 가져다 책상 위에 올려놓았다.
"한결이한테 이 축구공으로 축구 가르쳐 준다고 했다면서? 이 축구공을 팔아 버린 걸 알면 한결이가 너한테 많이 미안해할 거야."
정호도 안타까운 표정으로 말했다.
"그럼 어떡해. 나는……. 낼 만한 것이, 아니 이게 내가 가진 가장 좋은 것이야. 어쩔 수 없다고."
아이들은 힘찬이의 떨리는 목소리를 듣자 한동안 말을 잇지 못했다.
"그래도……."
누군가 모기 소리만큼 작게 중얼거렸다.
그때 현지가 손뼉을 치며 소리쳤다.
"나한테 좋은 생각이 있어. 힘찬이는 축구공을 기부하지 말고 축구 실력을 기부하는 거야."
"어떻게 축구 실력을 기부한다는 거야?"
정호도, 힘찬이도 고개를 갸우뚱거렸다.
"바로 재능 기부라는 거지."
"뭐? 재능 기부?"

책상 정리를 하던 아이들이 모두 현지 쪽으로 고개를 돌렸다.

"그래, 재능 기부. 자신이 가지고 있는 재능을 나누는 거야. 힘찬이는 축구를 잘하잖아. 축구 실력을 나누는 거지."

현지의 말에 정호는 아직도 모르겠다는 표정으로 머리를 긁적였다.

"축구 실력을 어떻게 나눈다는 거야?"

"힘찬이가 아이들에게 축구를 가르치는 거야. 돈을 받고 말이야."

"그런 것도 기부가 돼?"

"그럼. 우리 사촌 언니는 바이올린을 전공하는데 일요일마다 양로원에 가서 바이올린을 연주해. 그런 게 다 재능 기부야."

현지의 말에 반 아이들이 여기저기서 박수를 보냈다.

"그럼 좋겠다. 그 축구공으로 축구 수업을 하면 돼. 축구공을 팔지 않아도 되니까 좋잖아."

정호도 고개를 끄덕였다.

"그, 그렇지만 돈을 내고 나한테 축구를 배울 아이들이 있을까?"

힘찬이는 축구공만 빙빙 돌리며 망설였다.

"자신감을 가져. 너는 우리 학교에서 축구를 제일 잘하잖아. 우리가 확실하게 홍보를 해 줄게."

아이들의 말에 힘찬이의 얼굴에 미소가 번졌다. 아이들은 큰 종이에 글씨를 써서 잘 보이는 곳에 붙였다.

> 우리 학교 축구왕
> 힘찬이가
> 축구를 가르쳐 드립니다

아이들 몇 명이 기웃거렸다. 지금 당장 하고 싶다는 아이 두 명이 천 원짜리를 꺼냈다.

아이들은 기부함에 돈을 넣었다.

"너희들하고 같이 찰 새 축구공이야. 작년에 내가 득점왕이 되었을 때 받은 상이지."

힘찬이가 어깨를 으쓱하며 공을 보여 주었다. 아이들은 공을 만져 보며 활짝 웃었다.

"준비됐지? 자, 운동장으로 나가자."

힘찬이는 아이들을 데리고 운동장 한가운데로 갔다. 힘찬이는 아이들과 함께 준비 운동을 가볍게 했다. 아이들이 힘찬이를 따라 했다.

힘찬이는 공을 차는 법, 공을 모는 법 등을 설명해 주었다.

그 모습을 본 다른 아이들이 내일도 축구 수업을 하냐고 물어 왔다. 힘찬이네 반 아이들은 신이 나서 내일 축구 수업까지 예약을 받았다.

어느새 힘찬이는 아이들과 운동장을 가로지르며 힘차게 뛰고 있었다. 힘찬이의 땀방울이 얼굴에 흘러내렸다.
'한결아, 재능 기부로 널 도울 수 있어서 정말 기뻐!'
힘찬이는 다른 때보다 더 신나게 축구공을 차며 뛰었다.

재능 기부에는 어떤 것이 있을까?

🌺 재능 장터

재능 장터란 물건을 파는 장터 대신 자신의 재능을 파는 장터를 말해요. 자신의 재능에 가격을 매겨 놓고 그 가격으로 재능을 사려는 사람에게 재능을 파는 것이에요. 친구들에게 일주일 동안 바이올린 가르쳐 주기, 초상화 그려 주기 등 자신의 재능을 팔아 그 금액을 기부할 수 있어요.

그림 그리는 재능을 기부할 거야.

🌺 재능 경매

재능 경매란 파는 사람이 미리 자신의 재능에 값을 매기지 않고, 살 사람들 중에 높은 가격을 부르는 사람에게 그 재능이 팔리는 것을 말해요.

유명 축구 선수의 축구 지도, 유명한 학자의 강연 등 유명 인사들의 재능을 사고 싶어 하는 사람이 많아요.

이렇게 모아진 돈은 기부하고, 재능을 파는 사람, 사는 사람 모두 기부에 동참하게 되는 셈이에요.

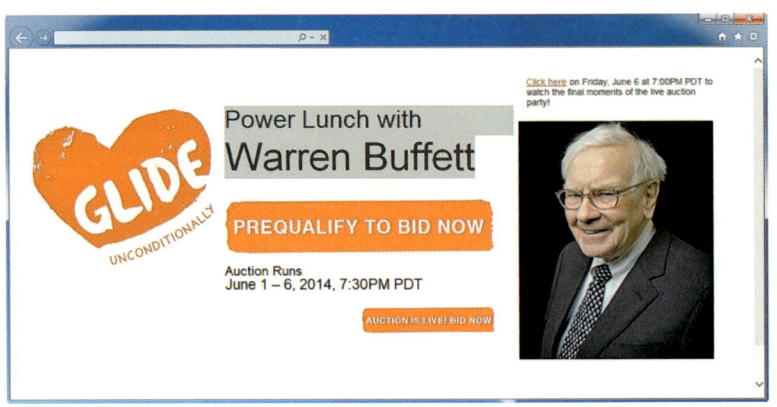

미국의 유명한 투자가 워렌 버핏과 점심 식사를 할 수 있는 재능 경매는 해마다 열리고 있다.
경매 사이트: www.glidelunchwithwarrenbuffett.com

재능 기부의 문제점

재능 기부 활동이 활발해지면서 문제점도 많이 생기고 있어요. 재능 기부라는 이름으로 대가를 주지 않고 혹은 너무나 적은 대가를 주고 재능을 가진 사람을 이용하려는 경우가 종종 있어요.

재능 기부는 먼저 기부하려는 사람이 마음에서 우러나와서 해야 해요. 재능 기부라는 이름으로 도움이 필요한 사람이나 단체가 기부자에게 강제로 요구해서는 안 돼요.

또, 단지 지출되는 비용을 줄이기 위해 재능 기부를 하도록 강요하는 것도 안 돼요. 많은 사람들이 자신의 능력과 재능을 가지고 일을 해요. 그 사람들 중에는 자신의 생활을 유지하기 위해 돈을 받고 일을 해야 하는 경우가 많아요. 이런 사람들에게 재능 기부를 강요하거나, 하지 않는다고 비난을 해서는 절대로 안 돼요.

작가 선생님도 라오스 어린이를 위해 재능 기부를 하셨대.

심장 수술이 잘되어 이제 며칠 후면 퇴원이다. 의사 선생님이
완전히 다 나으면 축구를 할 수 있다고 했다.
우리 반 아이들이 나를 돕기 위해 많은 일을 했다고 들었다.
힘찬이는 아이들에게 축구를 가르쳐 주었다고 했다.
내가 도움을 받았던 것처럼 나도 친구들을 돕고 싶다.
난 그림을 잘 그린다. 학교에 돌아가면 담임 선생님과 반 친구들을
한 명씩 만나서 초상화를 그려 줄 거다.
나중에 화가가 되면 형편이 어려운 아이들에게 그림도 가르쳐
주고 동네를 예쁘게 꾸밀 벽화를 그리고 싶다.
어제 아이들이 병문안 왔을 때 이런 이야기를 했더니 친구들도
함께하고 싶다고 했다. 오카리나를 배우고 있는 수지는 소아과
병동에서 오카리나 연주를 하고 싶다고 했다.
우리 모두는 재능을 갖고 있다. 꼭 재능이 아주 뛰어나거나
전문가일 필요는 없다. 종이 접기, 요리하기, 노래하기 등
우리들도 할 수 있는 작은 재능 기부가 많다. 우리가 가진 재능을
살려 어려운 사람과 나눈다면 그 가치가 몇 배로 늘어날 것이다.
재능을 나눌 수 있다는 것은 정말 기쁜 일이다. 나도 어서
건강해져서 재능을 친구들과 나누고 싶다.

이미지 출처
사랑의장기기증운동본부, shutterstock, HELLO PHOTO, Wikimedia Commons public domain